丛书主编　颜　实

被动的开放

——清末胶济铁路建设史

科学与文化泛读丛书

王　斌　著

山东科学技术出版社
·济南·

图书在版编目（CIP）数据

被动的开放：清末胶济铁路建设史 / 王斌著. --济南：山东科学技术出版社，2022.7（2023.10 重印）
ISBN 978-7-5723-1245-8

Ⅰ. ①被… Ⅱ. ①王… Ⅲ. ①铁路运输–交通运输史–山东–清后期 Ⅳ. ①F532.9

中国版本图书馆CIP数据核字（2022）第084075号

被动的开放——清末胶济铁路建设史

BEIDONG DE KAIFANG——QINGMO JIAO-JI TIELU JIANSHESHI

责任编辑：胡　明
装帧设计：魏　然　李晨溪

主管单位：山东出版传媒股份有限公司
出 版 者：山东科学技术出版社
地址：济南市市中区舜耕路517号
邮编：250003　电话：（0531）82098088
网址：www.lkj.com.cn
电子邮件：sdkj@sdcbcm.com
发 行 者：山东科学技术出版社
地址：济南市市中区舜耕路517号
邮编：250003　电话：（0531）82098067
印 刷 者：山东新知语印务有限公司
地址：山东省济南市商河县新盛街10号
邮编：251600　电话：（0531）82339899

规格： 32开（140 mm × 203 mm）
印张： 4.125　**字数：** 80千　**印数：** 1501~3000
版次： 2022年7月第1版　**印次：** 2023年10月第2次印刷
定价： 26.00元

作者简介

王斌，中国科学院自然科学史研究所副研究员，博士，德国马普科学史研究所访问学者(2016年10月—2017年10月)，研究方向为中国近代铁路史。发表论文、译文等20篇，出版专著《近代铁路技术向中国的转移——以胶济铁路为例(1898—1914)》《詹天佑与中国工程科学》。

目 录

引　言

1825年，英国开通世界上第一条铁路，宣告了铁路时代的到来。继英国之后，美国、法国、比利时、德国、俄国等国家纷纷于19世纪30年代开始兴建铁路，铁路在欧美国家广泛而迅速地发展起来。伴随欧美列强的殖民扩张，铁路技术也被传播到世界的其他地方。

中国自鸦片战争失败开始，丧失越来越多的主权和利益，逐步沦为半殖民地半封建社会。19世纪60年代开始的洋务运动通过仿制西方新式武器和创办新式工矿企业，来维护摇摇欲坠的封建统治。对于修铁路，洋务派首先认识到其军事意义，但由于担心对社会生活产生不利影响，“致激民变”，“无人敢主持”。反对派则把铁路当作奇技淫巧，认为修筑铁路会危害封建统治，因而竭力维持现状，反对任何更张。19世纪六七十年代，英、美等国在华商人试图在中国修建铁路，为此进行了几次不同程度的尝试，均以失败告终，其中就包括1876年建成的13公里长、营业仅一年就被清政府赎回并拆毁的上海至吴淞铁路（淞沪铁路）。

1881年，为解决唐山开平煤矿运煤需要，唐廷枢[①]在李鸿章支持下，请英国工程师金达修筑了10公里长的唐山至胥各庄铁路（唐胥铁路）。金达利用废旧矿井设备，造出了中国第一台蒸汽机车即“龙号”机车，又名“中国火箭号”。中国自办的第一条铁路就这样诞生了。之后，唐胥铁路相继展筑至塘沽、天津，又向山海关和关外展筑（经过几十年的发展，成为“关内外铁路”，后改称“京奉铁路”或“北宁铁路”）。湖广总督张之洞为筹筑卢汉铁路，开办大冶铁矿和汉阳铁厂，并于1893年修筑大冶铁路，但卢汉铁路的筑路权在甲午战败后被法、俄两国支持的比利时攫取。1887年，台湾巡抚刘铭传聘用英国工程师马奇逊修建台湾铁路，1893年筑成，铁路以台北为中心，东至基隆，西南至新竹，共长107公里。

1895年甲午战败后，清政府宣布“力行实政”，首要的就是修筑铁路，然而其所面临的严重外交和财政危机却给了帝国主义国家以可趁之机。19世纪末，帝国主义国家掀起瓜分中国的狂潮，他们争相索取铁路权，然后以铁路为基础建立势力范围，进而索要更多的特权。首先是法国于1896和1898年获得修筑、经营龙州铁路和滇越铁路特权，1899年强租广州湾，将云南和两广变为其势力范围；沙俄于1896年攫取中东铁路的建筑和经营权，1898年强租旅顺、大连，将东北地区划为势力范围；德国于1897年强占胶州湾，攫取山东铁路的建筑和

① 唐廷枢（1832—1892），初名唐杰，字建时，号景星，广东香山人。起初任英商怡和洋行买办，后任轮船招商局总办。

经营权，将山东划为势力范围；1898年俄、法两国支持的比利时获得卢汉铁路贷款权和修筑权；1898年英国攫取津镇等五路权益，将长江流域划为势力范围；美国获得粤汉铁路贷款权并提出“门户开放”政策；日本将福建划为势力范围。

胶济铁路正是在瓜分中国的狂潮中建设的，是德国在华殖民扩张、向中国输出资本和铁路技术的产物。德国强占胶州湾的次年即1898年，德国辛迪加和财团开始在山东勘测和规划铁路。1899年，德国联合辛迪加成立山东铁路公司，开始修筑青岛至济南铁路（中国人称“胶济铁路”，德国人称“山东铁路”）。筑路初期，铁路公司与山东民众之间发生了多次冲突，尤其义和团运动期间，德国军队的暴行导致大规模流血事件。1904年，胶济铁路全线通车，后来又与津浦铁路、小清河、黄河、国际海运建立连接，从而扩大了胶济铁路的影响范围。胶济铁路给山东传统的交通格局带来巨大改变，各种经济活动和经济资源都逐渐向铁路沿线集中，青岛和济南则发展成为山东两大经济中心。

一战爆发后，日本取代德国占领了胶济铁路。在1919年“巴黎和会”上，英、法两国支持日本继承德国在山东的权利，消息传到中国后，爆发了“五四”爱国运动，中国代表拒绝在巴黎和约上签字。1923年中国正式收回胶济铁路。抗日战争期间，胶济铁路再次沦为日本帝国主义统治的工具，抗战胜利后，又历经三年内战的炮火洗礼。直到1949年新中国成立，胶济铁路迎来新的发展时代，特别是2004年以来高铁技术大发展，胶济铁路以崭新的面貌助力山东经济和社会发展。

一、早期的中德贸易

早在18世纪，中、德两国就有了贸易往来。1752年普鲁士的埃姆登对华贸易公司派了第一艘船到中国广州，从那里带回茶、丝绸、生丝和陶瓷。随着德国在华商人日益增多，1787年普鲁士在广州设立了第一任领事。但总体而言，中德贸易规模很小。

鸦片战争时，德国还没有自己的舰队，也没有同中国签订贸易条约，但仍可以通过“一体均沾”原则获得英国通过战争而攫取的权利。第二次鸦片战争后，英、法两国分别通过《天津条约》和《北京条约》扩大并巩固其在华权利。1860年普鲁士派出一支远征队到中国谈判贸易条约，这支远征队包括一个外交使团和四艘军舰，他们曾准备参加第二次鸦片战争，但由于普鲁士军舰吃水浅，最后只得放弃。由于德国在当时对于中国而言只是欧洲的一个无名小国，清政府不愿轻易给予德国同其他大国同等的权利，双方经过长达5个月的谈判，才于1861年9月2日签订中德《通商条约》。该条约模仿了英、法《天津条约》，主要内容有：允许普鲁士使节驻京；德国在中国享有领事裁判权和片面最惠国待遇；允许德国商民在中国通商口岸经商、买卖和租赁房屋及土地、建教堂等。1861年签订的中德《通商条约》成为中德正式外交关系的开始，直到一战前都是中德关系的法律基础。然而直至德国统一之前，德国同中国的贸易与英国比起来仍然微不足道，很多贸易仍要通过伦敦转手。德国学者曾形象地将这一情况描绘为“德国的商人和厂主只能拾些英国商人的饭桌上落下来的面包屑”。

1870—1871年，德国通过普法战争完成了统一，结束了长期割据分裂的局面，成为由容克地主和资产阶级联合专政的国家。德国的统一促进了国内市场的统一，为资本主义的进一步发展扫清了障碍，同时也提高了它在欧洲的地位。德国工业的发展突飞猛进，重工业的发展尤为突出，到1900年，德国的钢产量超过英、法两国的总和。

直到19世纪70年代，德国一直奉行自由贸易政策。1873—1879年的世界经济危机使得保护主义政策，如保护性关税、补贴、获得殖民地等，成为必要。在争夺在华利益的竞争中，德国首相俾斯麦采取的一项最重要措施是效仿英、法等国建立一条由国家补助的、定期往来于德国和东亚间的航线。该航线交由不来梅的北德劳埃德公司经营。从不来梅到中国的航线经香港至上海，投入了15艘船。至1895年，德国商船航行到中国港口的吨位仅次于英国，但差距仍很大，英国为2 050万吨，德国为240万吨，居第三位的瑞典仅为40万吨。

德国政府还通过外交机构支援德国海外企业。自19世纪80年代，德国领事馆成为“战斗堡垒”，它在日益激烈的竞争中给予德国出口贸易以有力的支持。1875—1893年担任驻京公使的巴兰德表现尤为突出，他认为“在像中国这样的国家里，外交官的任务首先是国民经济的，即他凭能力促进其祖国工业产品的销售”。以此为出发点，巴兰德优先支持大的重工业企业和银行，为他们争取贷款、特许权和军火贸易机会。为此他不择手段，包括经常向清政府施加军事压力。

德国的统一和政府对工商业的支持，都使德国对华贸易迅速增长。1872年德国在华商行数量有40家，1895年增至92家居第二位（第一位英国361家）。其中实力较强的有礼和洋行、美最时洋行、瑞记洋行等。德国向中国出口的商品主要有苯胺染料、缝衣针、毛料、玻璃和军火等。军火在德国对华贸易中占有非常重要的地位。中国自19世纪60年代开始的洋务运动，首先就是引进和学习西方军事技术。德国在普法战争中的胜利，使中国人非常崇拜德国的军事技术，李鸿章更是把德国作为军事楷模，同时他也想利用德国来牵制其他国家，尤其是削弱英国在华的垄断地位。19世纪80年代早期，德国几乎垄断了中国的军火贸易，成为李鸿章北洋舰队最重要的供应商，其中最主要的是克虏伯公司的枪炮弹药和武尔康船厂的军舰。中国还聘用德国教官训练中国军队，这也促进了德国军火销售。

二、争夺中国铁路权

德国铁路起步较晚，最初的发展远远落后于同时代的英国和法国。德国第一条铁路纽伦堡—富尔特铁路建于1835年，全长仅6公里。但很快，德国铁路就后来居上，1872年铁路里程达22 426公里，超过英国。1900年在全世界铁路总里程中，美国占41.5%，德国占6.9%，法国占4.9%，英国占4.0%。铁路对德国工业化进程起到了决定性作用。铁路网的迅速建设刺激了德国的煤、铁和机器制造业的急剧发展，促使德国工业发展的重心较早地由以纺织业为中心的轻工业转向以铁路建设为重点的重工业，并通过铁路建设来带动其他工业部门的发展，这是德国在工业革命中后来居上的一个重要原因。铁路网的建设也促进了市场的统一，并对德意志民族国家的形成和德意志帝国的统一事业起到了积极作用。

自19世纪80年代起，德国财团和重工业企业把铁路建设和资本渗透作为德国出口经济在中国最重要的目标。当时欧美的铁路建设投资已经饱和，而中国交通设施尚不发达，投资中国铁路建设看上去是一件很有利可图的事情，而且铁路建设不仅需要银行，也需要供应设备和机车的矿冶工业和机器制造业。

曾作为1860年远征队成员之一的德国地理学家李希霍芬于1868—1872年第二次来华考察。他获得欧美商人资助，其考察旅行的目的是要弄清中国矿产资源的分布情况。李希霍芬将其考察结果写成《中国——亲身旅行和据此所作研究的成果》[①]（以下简称《中国》）一书。该书内容丰富，对中国的地质、地形、交通、经济、居住条件等许多方面都做了论述（现在广泛使用的“丝绸之路”一词就是李希霍芬在该书中首次提出的）。这部学术著作使德国统治者获得了对中国更全面的认识，德国政府把它视为关于中国的科学可靠的知识基础。李希霍芬还向钢铁和军火生产商克虏伯提出修建横穿中国大陆的铁路计划，引起了克伯虏对中国铁路建设的关注。克虏伯也很希望凭借与李鸿章的友好合作关系，获得中国铁路的供货权。克虏伯还为李鸿章制造了一个大的、贵重的铁路模型和一些机车模型，派特使送给李鸿章。德国最大的银行贴现公司的老板韩赛满也通过李希霍芬的著作开始注意中国。

1883年1月，德国贴现公司和德意志银行联名致函中国驻柏林公使李凤苞，他们表示，如果中国政府决定建造铁路或授予筑路权，他们愿意“竭诚效劳”；鉴于中国当局反对在外国控制下输入铁路，他们建议仅用德国的资本、材料和工程师来建筑中国的国有铁路。他们提出，工程建设由德国技术人员领

① 全书共五卷，附地图集两册，从1877年到1912年陆续在柏林出版。由德国文化总长支持、商业总长赞助，国家银行拨专款支付印刷费用。由于李希霍芬在德国的学术活动繁重，直到他逝世，全书尚未完全出齐，后由他的学生整理出版。

导，完工后由德国官员继续管理铁路的业务，直到中国自己培养出铁路业务人才，而德国也会帮助中国进行人员培训。1886年1月，德国贴现公司、德意志银行和克虏伯公司各派出一名代表，组成三人考察团，到中国考察铁路建设情况。考察团肯定投资铁路“有利可图”，并研究了中国的金融状况，认为在中国创设一家德国银行是德国参加铁路借款和铁路修筑的先决条件。其中的德意志银行代表撰写了一篇题为《中国：中华地理和人民概述》的文章，指出：“中国人口在四亿以上，在农业及各种日用工艺中勤勉的劳动者为数之众这件事本身，即令人信服地证明，铁路在中国大有可为”，“为了便于开发中国资源，铁路是非常需要的”，“德国和中国不相往来的状态快要结束了”。

在俾斯麦和巴兰德的几番努力与推动下，1889年2月12日，以贴现公司为首的13家银行和公司在柏林成立了德华银行，资本额为2 250万马克。其主要任务，除了惯常的银行业务外，应“在可能有国家借款和铁路业务的机会时向之报告”。1890年4月16日，为辅助这家银行而成立了一个亚洲商业财团，其目标是“在海外国家进行铁路建设”。1890年1月2日，德华银行上海分行开业。

三、为什么选择胶州湾

山东省是中国华东地区的一个沿海省份，人口众多，1902年人口密度为每平方公里234人，居全国首位。山东西部及西北部属黄淮平原，其余为丘陵地，东临黄海、渤海，为半岛地形。经济向来以农业为主，主要农产品有小麦、大豆、谷子、高粱、花生、甘薯、棉花等。

1869年，李希霍芬曾在山东做了为期六周的旅行考察。在其1882年出版的《中国》第2卷中关于“山东”一节，他写道：山东待开发的矿产丰富，特别是煤矿，还以盛产蚕丝闻名，然而该省却比较贫穷，主要原因是交通运输不便；山东的内陆运输同中国大部分地区一样，很不健全；芝罘（今烟台）是山东唯一的通商口岸，其港口很差，又位于半岛东北角，与该省其他有发展前景的地区被一系列山脉隔断；胶州湾是山东矿产的合理出口，也是“整个华北最大最好的港口”。

明清两朝，胶州湾都是设防重地。中法战争时，法国“屡次声言将由胶州进图北犯”。1886年，出使法、俄、奥大臣许景澄在《条陈海军应办事宜折》中称，“西国兵船测量中国海岸，无处不达，每艳称胶州一湾为屯船第一善埠”，建议清政府对胶州湾“渐次经营，期于十年而成巨镇”。当时北洋大臣李鸿章正集中精力筹建旅顺港，无暇顾及胶州湾。直到1891年李鸿章视察了包括胶州湾在内的北方沿海以后，才奏请在胶州湾建筑炮台，并调登州镇总兵章高元领兵四营移驻胶澳（指胶州湾及其沿岸地区）。甲午战败后，海军建设放缓，章高元在胶州湾的防御工事建设也进展缓慢。

1860年普鲁士远征队来华时，曾奉命探寻一处类似于香港的海军和贸易基地。起初认为台湾最有希望，但远征队考察后认为台湾气候很差而且没有好的港口。自那以后，围绕东亚基地的讨论在德国就没有停止过。1870—1871年出版的《德国在东亚的利益》小册子，把中国描绘成一个“非常巨大的销售市场”，一俟这个国家通过铁道、电报而受到“欧洲的时代精神的影响”，“在这市场上它的不计其数的居民都将作为消费者”。

李希霍芬在中国考察时，曾在报告中指出，继续增长的德国商业和航运利益，使得“有必要发展海军以保护这些重要的利益和支持已订条约”；“在东亚获得一个固定的据点”是非常必要的，以便“万一发生战事时德国的商船和军舰有一个避难所并提供后者一个加煤站”。选择的地点无论如何要在中国海岸，因为中国的经济潜力使欧洲以外的任何国家都相形见绌。他在山东旅行时发现了潍县的煤田，但那时他未到过胶州湾，也未发现胶州湾的重要性，而是把注意力都放在芝罘和登州了。十年以后，李希霍芬经过广泛参考和深入研究，对胶州湾的看法有所改变，但也尚未强调胶州对于德国在华战略利益的重要性。直到在1882年出版的《中国》第2卷中，李希霍芬才首次正式提出修建一条从胶州湾出发，连接山东的煤田，经济南府通向北京和河南的铁路；“这条铁路将替华北的棉花、铁和其他产品创造一个便利的出路，并为进口货物创造一个通往一些重要地区的廉价通道”；胶州湾以及由此通向内地的铁路是全省经济发展的基础。李希霍芬提出的这个以胶州湾为中心的铁路网计划，对德国选择胶州湾作为东亚基地有重大影响。

德国统一之初，首相俾斯麦推行的是“欧洲政策”，主要目标是在欧洲大陆建立霸权。当时，德国在欧洲的边界尚未巩固，海军的力量也不够强大，因为怕招致英国干涉，俾斯麦虽也曾考虑过获得在华基地，但最终还是放弃了。到19世纪80年代末，德国经济实力已赶上并超过法国，成为欧洲大陆的新霸主。俾斯麦下台后，在一贯鼓吹殖民主义的德皇威廉二世策动下，德国的对外政策实现了从传统的、以欧洲为中心的俾斯麦均衡政策向德意志世界政策的重大转变。由于德国兴起较晚，当它加入到西方列强的行列时，全世界几乎被瓜分殆尽，而中国是最后一个未被分割完毕的市场。甲午战争中，中国的衰弱暴露无遗，德国再度掀起关于在华基地问题的讨论。

从普鲁士远征队开始，德国海军就对中国表现出极大的兴趣，海军把争夺世界霸权与在华扩张紧密联系起来。英国是当时世界上最强大的国家，有最强大的舰队，因而英国就成为德国争夺世界霸权的主要对手。对于德国而言，没有任何一个地方能提供比中国更合适的与英国竞争的场所。这也使德国海军成为德国对华帝国主义政策的积极推动者，他们极力想把未来的德国殖民地打造成“模范殖民地”，以与英国殖民地香港相抗衡。

德国为夺取基地采取的第一个外交步骤是于1895年4月联合法、俄两国，迫使日本放弃中国在《马关条约》中所割让的辽东半岛，企图以此向中国要求土地作为回报，但当时并没有说明要哪个港口。当年，清政府满足了德国参与对华贷款的要求，并同意德国在天津和汉口两地设立永久租界，但拒绝了德国提出的割让一个煤站的要求。1896年李鸿章访问欧洲时，德国外交部国务秘书马沙尔借机向李鸿章要求基地，未果。德国政府认为谈判没有意义，必须诉诸武力。为表明德国政策的转变，德国召回了与清政府关系友好的驻京公使绅珂，代之以尚武的海靖。海靖的策略是“激怒中国人，中国人就会犯错”，从而找到占有基地的借口。

1895年春，海军部国务秘书霍尔曼在给外交部的备忘录中就基地的选择指出，基地要能随时为德国军舰提供给养（包括煤炭）、军火并满足储备、修理等需求，在战时成为军舰的集合地，为商船提供庇护所，有野战医院接治伤病员。不久，海军部抛弃了仅仅建立一个海军基地的想法，认为德国需要的是一个势力范围，它包括一个像香港那样的贸易港口和一个有经济开发价值的内地。要找到这样一个港口并不容易，首先这一港口必须有商业价值，位于主要贸易线路上；其次它又不能与其他国家的港口靠得太近，以避免纠纷。

德国海军部曾经考虑过的基地选择包括舟山群岛、厦门岛、胶州湾、大鹏湾、莞岛（位于朝鲜南端）和澎湖列岛。其中，舟山已于1846年承诺英国不让与其他列强；厦门作为通商口岸，其海关收入主要用于借款的抵押，且无合适的贸易腹地；大鹏湾位于香港附近，其经济发展会受阻；莞岛距俄国控制的满洲里太近，并存在日俄争夺；澎湖列岛已通过《马关条约》让给日本。因此，只剩下胶州湾值得考虑，它只涉及与中国政府的谈判，而且德国传教机构又位于其腹地。此前曾有传言说胶州湾冬天会结冰，无法通航，德国人经过进一步考察，确认胶州湾为不冻港。1896年8月，新任远东舰队司令、海军上将蒂尔皮茨受德皇派遣到中国考察适合作为基地的地点。在排除了其他选择之后，蒂尔皮茨也倾向于胶州湾。他向驻京公使海靖陈述了胶州湾的种种优点：①安全的停泊处；②容易设防而无需多大费用；③根据李希霍芬的说法，其附近有煤层，能提供很大的经济利益；④气候比较凉爽，有利于驻守士兵的健康。1896年11月，德皇枢密会议决定夺取胶州湾。1897年春，德皇又派著名的基尔港口工程指挥佛朗求斯到胶州湾进行考察，就建造海港和防御工事等条件给出一份专业评估报告。佛朗求斯在报告中陈述了胶州湾的位置、地势、港口、面积、岛屿、风力、潮汐差度、地质状况、饮水、居民和工商业等近30个项目，“小而一块礁石、一片沙土此后如何利用，大而铁路、航路、船坞如何设备，以与香港、上海竞争，逐条计划，以立日后建设之基础”。他从技术的角度确认了胶州湾为沿海港口的最佳位置。

最后，德国还需要解决一个棘手的外交问题，就是如何协调与其他列强的利益关系，尤其是俄国。早在1895年秋，清政府曾同意俄国太平洋舰队在胶州湾享有停泊越冬权。俄国公使喀西尼1896年明确通告德国公使海靖，俄国政府对胶州湾的具体权利已经得到中国的保证。为此，德皇威廉二世在访俄期间直接向沙皇尼古拉二世探询此事，沙皇明确表示俄国对胶州湾没有长远的意图和兴趣。实际上，俄国的主要利益位于更北方。德国还将占领胶州湾的打算通报了英国，并得到默认。1897年9月，海靖接到命令要他告诉中国政府，如果需要时德国打算在即将到来的冬季在胶州湾停泊军舰。要占领胶州湾，德国还需要一个借口，很快德国就得到了。

四、德国强占胶州湾

自中世纪晚期欧洲对外扩张开始，到19世纪末20世纪初，传教活动和教会作为独立力量一直发挥着十分重要的作用，成为殖民扩张的激励因素和组成部分，它们“在欧洲宗主国的公共舆论中制造了种种帝国主义心态”，从而“为殖民扩张活动提供相当重要的动员民众作用”。同时，帝国主义国家“希望获得一种道义的和意识形态的原则性辩护”，把传教作为工具加以利用。

1879年，德国传教士安治泰受圣言会[①]派遣来华，次年进入山东南部地区发展教会。安治泰本人是个地道的海外扩张的鼓吹者，在他领导下，鲁南教会势力不断扩张，到1893年圣言会已在鲁南地区建立教堂12处，发展教徒4 000多人。1896年，圣言会还进入孔子故里、鲁南重镇兖州府。由于圣言会经常吸收一些匪盗入会，其传教活动经常伴随对百姓的欺压，因而激起了当地群众的反洋教斗争。

---

① 圣言会是一个国际性的天主教会组织，由德国人杨生于1875年创立于荷兰斯泰尔，亦称斯泰尔教会。

1897年11月1日，安治泰手下的两名德国传教士在山东曹州巨野县被大刀会成员杀死，史称“巨野教案”（又称“曹州教案”或“山东教案”）。6日，德皇威廉二世得知消息，认为这给他们提供了绝好的借口，命令早在吴淞泊驻的新任东亚舰队司令、海军上将棣利斯率舰队开赴胶州湾，以“强有力的行动”进行报复。7日，德国公使海靖致函总理衙门，要求清政府对此事负全部责任。总理衙门立刻指示山东巡抚李秉衡迅速汇报教案详情，军机处要求李秉衡立即彻查教案，以免德国借口生事。然而德国对占领胶州湾已是蓄谋已久，13日德国军舰驶入胶州湾。李秉衡主张坚决抵抗，但清政府中的实权派反对开战，结果中国守将章高元不战而退。14日，德军未动一刀一枪就占领了胶州湾。

总理衙门起初把希望寄托在其他列强的干涉上，幻想“以夷制夷”。李鸿章在得知德国占领胶州湾消息的当晚，亲往俄国使馆寻求支援，希望俄国立即派舰队到胶州湾，促使德国撤离。与此同时，张之洞、刘坤一等则提出联合英、日的主张。然而帝国主义国家在瓜分中国问题上立场是一致的，它们相互之间很快就达成了妥协。总理衙门也意识到，俄国正变得日益贪婪，所有国家都害怕并妒忌它，英国和日本尤甚，列强欲与中国结盟只是要利用中国作掩护，并非要帮助中国。

11月20日，海靖开始与总理衙门进行谈判。他就教案问题提出六项要求：罢免负责官吏；赔修被毁教堂；抚恤被害教士家属；合资筑路开矿；赔偿兵费；保障传教。清政府要求德国先退兵再谈判，但德国蛮横地予以拒绝。等到受德皇派遣的海因里希亲王（旧译“亨利亲王”）率舰队到达胶州湾时，海靖突然翻案，要求租借胶州湾。清政府派翁同龢、张荫桓与海靖谈判。12月3日，清政府代表同意了海靖提出的几乎所有要求，但仍不想放弃胶州湾。翁同龢力图使海靖接受开放胶州湾为通商口岸。海靖拒绝了翁同龢的替代方案，并以武力相威胁。

1898年1月，中德双方达成关于巨野教案的协议。清政府赔偿德国教会损失，并保证李秉衡不再获得高位。3月6日，双方签订《胶澳租界条约》。清政府将胶州湾租给德国，并许以德国在山东修筑铁路、开采矿山等权利。

按《胶澳租界条约》，胶州湾名为“租界”，但实际上是“租借地”（图4-1），同一般所谓的租界明显不同。租界通常是外国人在通商口岸的居住区和贸易区，占地相对较小，而胶州湾不仅地域宽广，包括了大片水域，而且带有鲜明的殖民统治性质，胶澳总督既是胶澳的最高行政长官，又是驻扎该地的德国海军和陆军司令，他同德国在非洲、澳洲殖民地的总督具有同等权力。实际上，德国方面完全把胶州湾看作是属于德国的殖民地。德国以港湾“胶州湾”的名字来命名这块面积为540平方公里的租借地为“胶州”（不同于中国内地的胶州县），并借用旧有的“青岛”名称来命名租借地的新市区。胶州湾不像其他德国殖民地那样由外交部殖民局管理而是由海军部管理，这也体现了胶州作为海军基地的特殊意义。实际上，它是德国唯一由军事部门经营的殖民地。德国海军努力把胶州打造成“模范殖民地”[①]和“德国的香港”。历任胶澳总督都由海军高级军官担任，负责管理殖民地的民事和军事事务，而德国在山东除殖民地以外地区的权利和要求则由德国驻京公使负责。

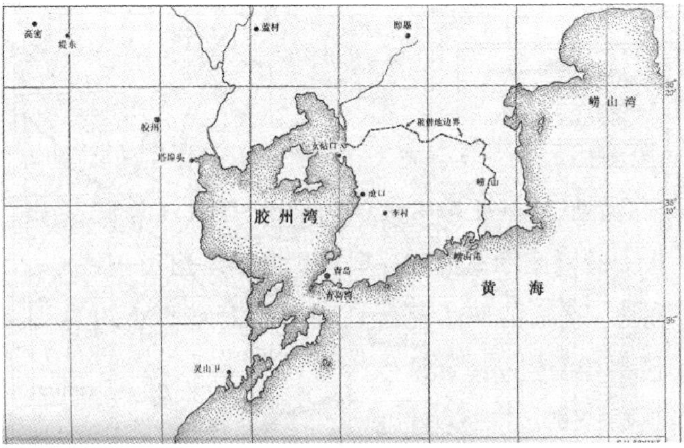

图4-1　胶澳租借地及附近区域略图

德国人开发胶澳殖民地的宗旨是，在不损害该地区作为舰队基地这一重要军事用途的前提下，“首先把它发展为一个商业殖民地，即发展成为德国商团在东亚开发广阔销售市场的重要基地”。德国人认为只有把青岛作为一个自由港才能实现那种商业发展。1898年9月2日，青岛港作为自由港向全世界开放。1899年7月1日，胶海关在青岛正式成立。

① 这里需要注意的是，青岛并不是德国人眼中唯一的“模范殖民地”。当时德国在非洲的殖民地多哥已经因为其贸易盈余和本土居民较少反抗而被称为德国的“模范殖民地”。

五、山东铁路公司的成立

《胶澳租界条约》中关于在山东建设铁路线的许可权，让德国工商界欣喜若狂。1898年1月在中德谈判尚未结束时，德国几家大的财团和辛迪加就向德国政府提出山东铁路权的申请。在德国政府的推动下，他们组成联合辛迪加，包括了德国14家最重要的银行、贸易公司和出口企业，于1899年5月向德国政府提交正式申请。6月1日德国首相霍亨洛熙公爵授予联合辛迪加在山东修建和经营铁路的许可权。

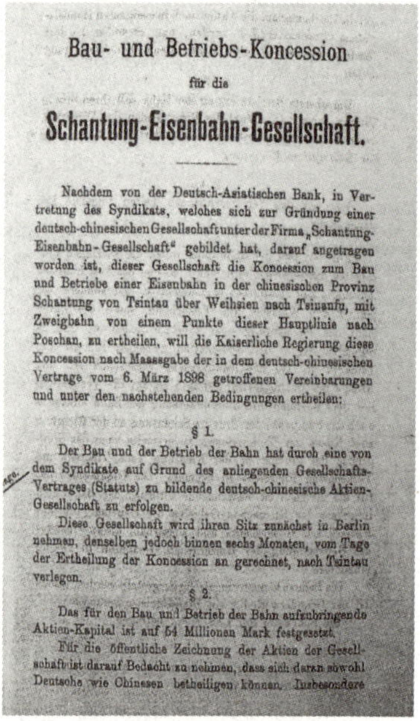

Bau- und Betriebs-Koncession

für die

Schantung-Eisenbahn-Gesellschaft.

Nachdem von der Deutsch-Asiatischen Bank, in Vertretung des Syndikats, welches sich zur Gründung einer deutsch-chinesischen Gesellschaft unter der Firma „Schantung-Eisenbahn-Gesellschaft" gebildet hat, darauf angetragen worden ist, dieser Gesellschaft die Koncession zum Bau und Betriebe einer Eisenbahn in der chinesischen Provinz Schantung von Tsintau über Weihsien nach Tsinanfu, mit Zweigbahn von einem Punkte dieser Hauptlinie nach Poschan, zu ertheilen, will die Kaiserliche Regierung diese Koncession nach Maassgabe der in dem deutsch-chinesischen Vertrage vom 6. März 1898 getroffenen Vereinbarungen und unter den nachstehenden Bedingungen ertheilen:

§ 1.

Der Bau und der Betrieb der Bahn hat durch eine von dem Syndikate auf Grund des anliegenden Gesellschafts-Vertrages (Statuts) zu bildende deutsch-chinesische Aktien-Gesellschaft zu erfolgen.

Diese Gesellschaft wird ihren Sitz zunächst in Berlin nehmen, denselben jedoch binnen sechs Monaten, vom Tage der Ertheilung der Koncession an gerechnet, nach Tsintau verlegen.

§ 2.

Das für den Bau und Betrieb der Bahn aufzubringende Aktien-Kapital ist auf 54 Millionen Mark festgesetzt.

Für die öffentliche Zeichnung der Aktien der Gesellschaft ist darauf Bedacht zu nehmen, dass sich daran sowohl Deutsche wie Chinesen betheiligen können. Insbesondere

图5-1 《铁路许可权》首页

按这份《铁路许可权》(图5-1)中的规定，联合辛迪加应组建“山东铁路公司”来修建和经营山东铁路，该铁路包括由青岛经潍县至济南府干线及由干线一点至博山支线铁路(中国人称“胶济铁路”)；铁路的定线要保证连接“最重要的煤炭地区——特别是潍县和淄川”，以及其他重要城市和地区；铁路可以建成单线，但购置土地要考虑复线，轨距为1.435米；铁路建设要尽可能使用德国材料；铁路包括支线在内要在5 年内完成，青岛—潍县段要在3年内完成，除非有重大阻力才能延期。

1899年6月14日，山东铁路公司在柏林成立，不久迁往青岛，柏林公司改为分公司。山东铁路公司是德国第一个殖民地铁路股份公司。山东铁路公司资本5 400万马克，按每股1 000马克共分成54 000股，在参与创立的14家银行和公司之间做如下分配：

（1）德华银行上海分行4 999股；

（2）柏林贴现公司4 700股；

（3）汉堡北德银行4 700股；

（4）柏林德意志银行4 700股；

（5）德累斯顿银行4 700股；

（6）柏林贸易公司4 700股；

（7）柏林华沙尔公司4 700股；

（8）法兰克福雅各布 · 施特恩公司4 700股；

（9）柏林德意志国家银行4 700股；

（10）柏林波恩 · 布瑟贸易公司4 700股；

（11）柏林布来希吕德贸易公司3 394股；

（12）柏林商业与工业银行1 922股；

（13）科隆沙夫豪森银行协会866股；

（14）汉堡贝恩斯父子贸易公司519股。

山东铁路公司在柏林创建时任命了三位管理层成员，分别是：已退休的皇家副国务秘书、枢密大臣菲舍尔博士，普鲁士皇家土木技监、总工程师盖德兹，贴现公司经理艾利煦。公司迁往青岛以后，原管理层仍留在柏林。公司监事会主席一职由贴现公司老板韩赛满担任。根据德国商法规定，公司管理层隶属于监事会。

铁路公司迁到青岛以后（图5-2），在青岛建立了一个经营管理机构，任命了两位成员：一位是建设和经营总办锡乐巴（详见本书下文的第七部分），他当时是德国政府土木工程师和普鲁士皇家土木技监，隶属于普鲁士国家铁路管理局；另一位是商务成员、礼和洋行代表司米德，与锡乐巴一样，他也在中国待了较长时间，熟悉中国的商业情况。

图5-2　山东铁路公司（青岛）

六、胶济铁路修筑过程概述

山东铁路公司成立以后，立即着手胶济铁路的建设工作。通过德国工程师在山东进行的踏勘，1899年6月确定了铁路线由青岛至济南的走向（图6-1）。该路线从青岛出发，沿海滩以弧形绕过胶州湾，跨过大沽河等河流，在74公里处到达胶州。然后穿过平原，越过墨水河和胶河到达100公里处的高密。接着越过其他一些河流，在128公里处到达丈岭。又越过潍河、云河，穿过潍县的煤矿，在183公里处到达潍县。然后经青州、张店、周村和龙山，到达济南。支线由干线上的张店分出来，沿孝妇河谷穿过淄川，经河谷周围的煤田到达博山。

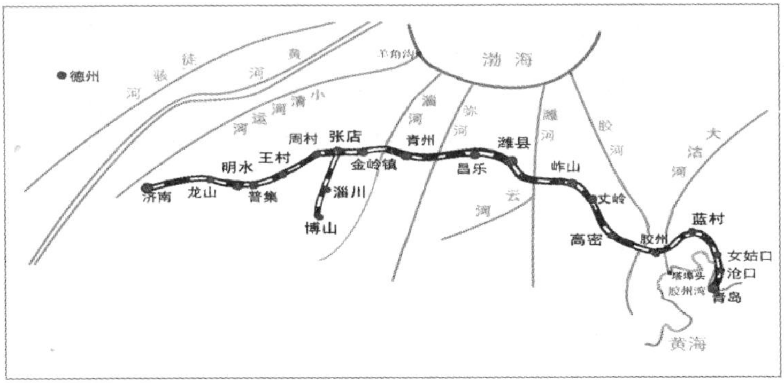

图6-1　胶济铁路沿线城市与河流示意图

按《铁路许可权》规定，铁路建设要尽量购用德国材料。因此，全部的轨道、桥梁构件和机车车辆，以及铁路工厂和水站的设备、铁路电报设备、水泥等等，都购自德国。为解决铁路器材的运输问题，1899年6月，铁路公司与德国最大的两家航运公司亨宝公司和北德劳埃德公司签订运输合同，由他们负责将全部12万吨铁路材料运到青岛。同年12月末，第一艘轮船载着4 300吨轨道材料从汉堡起程，次年3月顺利到达青岛。1900—1903年每年各发送8艘轮船的铁路材料。其他供货商，如汉堡礼和洋行和基尔捷成洋行，也用上述两家航运公司的轮船和其他公司的轮船及帆船运送了总重量约4万吨的水泥和电报设备等。从德国运到山东的铁路物资总价值约2 500万马克。铁路公司为防范海上运输损失，与5家德国保险机构签订了海上保险合同。在运输途中，曾有两艘运送水泥的帆船失踪，三艘在海上起火并导致货物全部报废。此后帆船装运的货物之间都留有适当间距。

1899年7月，铁路公司请求胶海关给铁路公司进口的全部铁路器材免税。在德国驻京公使的干预下，1899年10月底，清政府同意对进口的胶济铁路建设及运营材料免税。事实上，中国与列强之间签订的铁路合同，对进口铁路器材往往都给予免纳关税、厘金的特惠。京汉、正太、道清、陇海、中东、滇越、沪宁等路合同，都载有免税明文。胶济、京奉等路虽未载入合同，但都援案请免。

胶济铁路建设初期，青岛港远远不能满足卸货要求，带来很多困难。那时主要利用小港卸货。铁路材料运至青岛后，铁路公司必须委托青岛的胶州驳船公司承担卸货任务。驳船公司用驳船靠着海船接收货物，在涨水水位线以外的岸边交货。涨水时驳船要在沙滩上走很远才能接过轮船上的货物。在驳船被拖入干燥的沙地之前，大部分货物会弄湿。当卸载重物和大体积货物时，比如机车车辆和桥梁构架，驳船会由于负重突然减轻而翻船或搁浅。1901年10月小港栈桥完工后，驳船可以靠着栈桥停靠，直接在栈桥上而不是在沙滩上交付货物。

1899年8月25日铁路开始动工，9月23日举行了正式的开工典礼。普鲁士海因里希亲王出席开工典礼，亲自为工程奠基并祝愿工程顺利进行，以此促进德意志帝国与中华帝国之间的友好关系。

整条铁路的建设被划分成6个工段，每个工段交由1个建筑分部来完成，再加上1个勘测分部，一共有7个分部。每个分部都由1名工段长和几名工程师、建筑助理及建筑监察员组成。分配给各建筑分部的工段又被划分成每段10公里的若干路段，每个路段有1位负责工程师。

胶济铁路采取分段施工、分段通车运营的方式，以尽早实现经济收益。第一段青岛—胶州段（74公里）的工程从两头同时进行。由于土方、砌筑工程和轨道铺设对技术的要求低，所以铁路公司将其全部承包给了中国包工头，只有青岛附近的头一小部分砌筑工程交给了德国人；中国包工头还负责招募劳工，以及供应修路和造石桥用的沙子、碎石、石头和木头等。那时在青岛—胶州段上同时作业的中国人有6 000多人。中国包工头的精明强干和中国工人的吃苦耐劳得到了德国人的肯定。一些教会学校出来的略懂英语和德语的青年学生，也被雇来从事测量和绘图工作。从德国发来的机车车辆在青岛和塔埠头的临时车间内，由中国工人在德国人的指导下进行装配。至1900年底，工人们已将来年运营所需的机车车辆装配完毕。

1901年4月8日，74公里长的青岛—胶州段通车。1901年底，四方铁路工厂开始动工。1902年6月1日铁路通至潍县，实现了德国人期盼铁路早日通至潍县煤矿的愿望。为此，德国方面举行了盛大的通车典礼，德皇威廉二世致电祝贺，山东巡抚张人骏也派了一名洋务局会办前往祝贺并送了喜幛。1903年底四方工厂建成投产。1904年2月25日，第一列施工列车抵达济南府东站，威廉皇帝再次致电祝贺："获悉第一列火车抵达济南府，我十分高兴。祝贺管理层取得成功，并在远东展现了德意志进取精神；希望你们在中国不知疲倦的工作将取得更多同样的成功。"德皇也向山东巡抚周馥致电祝贺："接公司禀称，山东铁路工程第一次轮车已到济南府，特为大帅道喜。深愿山东全省，百姓平安，商务兴旺。大帅贵治，官民同福。"周馥回电祝贺，称铁路的完工有利于两国贸易，并希望两国扩大友好交往。1904年6月1日胶济铁路全线通车（表6-1）。

表6-1　胶济铁路各路段通车时间

通车时间	通车路段	里程（公里）	总里程（公里）
1901年4月8日	青岛—胶州	74	74
1901年9月8日	胶州—高密	26	100
1901年12月1日	高密—丈岭	28	128
1901年12月26日	丈岭—岞山	13	141

（续表）

通车时间	通车路段	里程（公里）	总里程（公里）
1902年3月20日	岞山—南流	10	151
1902年6月1日	南流—潍县	33	184
1902年12月10日	潍县—昌乐县	24	208
1903年4月12日	昌乐县—青州府	33	241
1903年6月1日	青州府—淄河店	15	256
1903年9月15日	淄河店—马尚	34	290
1903年9月22日	马尚—周村	12	302
1904年3月1日	周村—龙山	58	360
1904年3月15日	龙山—济南东	28	388
1904年6月1日	济南东—济南西	7	395
1904年4月5日	张店—淄川	18	413
1904年6月1日	淄川—博山	22	435

图6-2～图6-8是与胶济铁路有关的老照片。

图6-2　1903年4月昌乐县—青州府通车

图6-3　1904年2月胶济铁路通车至济南府东站

图6-4　青岛站

图6-5　山东铁路公司的煤水车机车

图6-6　山东铁路公司的一等客车

图6-7　山东铁路公司的餐车内景

图6-8　胶济铁路最大桥梁淄河桥（1905年）

胶济铁路所经地区多为平原，间有丘陵，坡度和缓，工程难度不大。总建设成本为52 901 226.12马克，平均每公里成本约12.1万马克。相比晚清其他铁路，胶济铁路的平均成本属中等水平。英德合建的津浦铁路成本约每公里16.95万马克，比利时建京汉铁路约每公里14.88万马克，中国自办的沪杭甬铁路每公里5.88万马克，詹天佑主持修建的京张铁路每公里5万元（约10万马克）。中国自办铁路成本低的最主要原因是没有欧洲工程师，人员成本非常低。

七、胶济铁路总办锡乐巴和锡贝德兄弟

图7-1　锡乐巴

锡乐巴（图7-1）的全名是海因里希·希尔德勃兰德，“锡乐巴”是根据他的姓而取的中文名，1855年3月12日生于德国莱茵兰－法耳次州的比特堡。早年在柏林高等技术学院学习工程学、建筑学和经济学。1879年底通过国家考试，第一份工作是参与柏林城市铁路建设。1884年成为政府工程师，随后主持了德国西部艾菲等地区的支线铁路建设。1888年起主持科隆中央车站的大型改建工程，并负责科隆及其周边的铁路桥梁建设，1891年临时候车大厅和车站大楼刚刚建成，他就离开了该项工程，进入德国外交部，这成为他人生的重要转折点。

1891年9月，锡乐巴作为铁路专家被德国外交部派到德国驻京使馆工作。根据德国外交部的指令，锡乐巴承诺的条件是：①至少在中国服务五年；②在驻京使馆学习中文，然后以外交译员身份工作，其具体任务是“观察中国在铁路技术上的动向”；③学习期间，对于派遣他的任务要保守秘密。用我们今天的话来说，锡乐巴的身份其实就是“经济间谍”，为德国工商界提供关于中国铁路发展的情报。他的年薪是6 000马克，这一收入在当时是闻所未闻的，当时锡乐巴家乡比特堡郡郡长的年薪只有4 000马克。在北京期间，锡乐巴学习了中国的语言、历史和文化，对中国的建筑艺术产生了浓厚兴趣。

1892年起锡乐巴开始为张之洞（图7-2）效力，参与修建大冶铁路①，开发煤矿、铁矿，建造炼铁厂和轧钢厂。他定期向德国驻京使馆报告他与张之洞的谈话，他的报告被转呈柏林外交部。1894年他奉命勘测京汉铁路，不久由于甲午战争而被推迟，后来该铁路由比利时公司承办。战争结束后，他主持修建了淞沪铁路。

图7-2　张之洞

由于张之洞的力荐，锡乐巴被清政府督办铁路公司事务大臣盛宣怀聘为顾问。锡乐巴认为，中国铁路建设不能操之过急，不能超越中国的财力，要避免对债权国的依赖，否则就会像有的国家那样，铁路没能成为繁荣的源头，反而成为财政经济崩溃的根源。

① 大冶铁路是张之洞为将大冶铁矿石运往汉阳铁厂而建，长27公里，1894年6月建成通车。

当1898年德国联合辛迪加筹备山东铁路的时候，锡乐巴就成为最合适的工程师人选。他在中国工作多年，精通中文，熟悉中国的情况并与张之洞、盛宣怀等高官大员有密切的联系，这些都有利于他在中国开展铁路工作。1898年9月1日，锡乐巴与联合辛迪加的主要成员德华银行签订为期3年的聘用合同，由锡乐巴到山东主持铁路建设。山东铁路公司成立后，山东铁路公司代替了德华银行在合同中的位置。

1898年9月初至11月初，锡乐巴主持前期的踏勘工作，另一名德国工程师韦勒负责将踏勘结果绘成地形图。韦勒特别称赞了锡乐巴的勤奋和工作能力，勘测190公里长的青岛—潍县路段，锡乐巴只用了8天。这样的工作速度多少会影响精确性，韦勒在1898年11月11日的一封信中认为，“为实现铁路定线的总体想法及维持其费用开支的目标，这样的测量也够用了。但锡乐巴的测量工作不能满足在普鲁士进行一般勘测的条件。不过这也不是必需的。1 000多公里的勘测不到2个月完成，不管怎么说效率都不应被低估。锡乐巴的测量也为专门的勘测提供了一个很好的基础”。

1899年12月28日，锡乐巴向德国驻京使馆报告，“勘测工作表明，该路线穿过肥沃和人口稠密的土地，潍县、博山等地的铁路沿线有丰富的煤矿，在博山还有很好的铁矿……”

1899年1月20日由锡乐巴和韦勒签署的青岛—济南铁路工程总计划寄往柏林，接着又寄了一份部分路段的纵剖面图。锡乐巴预算工程耗资5 700万马克，每公里13.7万马克，其中约2 000万马克用于支付工资和直接在山东购置材料。1月

25日，锡乐巴正式脱离德国外交部，到了公共劳动部，该部大臣同意锡乐巴以休假方式到山东工作。6月28日即山东铁路公司成立2周后，锡乐巴被正式任命为山东铁路公司青岛总办，任期5年。

然而，青岛与柏林管理层之间很快就出现了不愉快，起因主要是由于柏林管理层的盖德兹试图夺取青岛的工程领导权，他“甚至想从柏林决定每一座桥梁打基础的类型和方式”。围绕青岛火车站的选址就进行了长时间的激烈争论。在1898年青岛第一份城市规划方案中，青岛火车站被置于栈桥附近（图7-3的左图），目的是想建立铁路与海运之间的联系。但栈桥只是一个权宜之计，因为自从佛朗求斯1897年在胶州湾进行测量工作后，就已经确定要在胶州湾的内部停泊处修建新的青岛港，所以等大港竣工后，就不再使用栈桥了；而且在这份方案中，铁路轨道的走向在靠近栈桥之前有一个1/4圆的弧形，

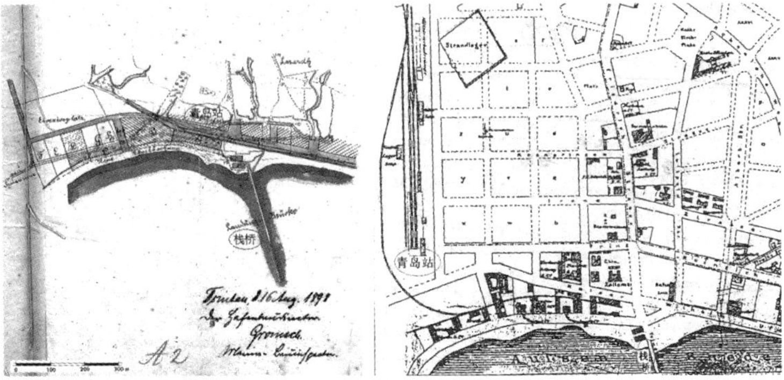

图7-3　1898年第一份青岛城市规划方案中青岛站选址（左）和1901年青岛市区地图中的青岛站实际位置（右）

锡乐巴和韦勒从技术角度考虑都认为火车站的这一位置不合理，技术难度大。1899年3月，韦勒报告了锡乐巴关于火车站其他选址的意见，遭到胶澳总督府反对。关于车站的争论一直持续到1899年10月，这与盖德兹也有关系。锡乐巴在一封信中公开批评了盖德兹“技术上的不成熟”。最后火车站的位置还是向西移了（图7-3的右图）。1900年1月以后，柏林方面不再像此前那样干涉技术细节了。

1904年胶济铁路的建成通车也被视为锡乐巴个人的重大胜利，他因此收获了巨大的财富和荣誉。德皇威廉二世先后授予他“四等红鹰勋章”“王家工程顾问”和“枢密工程顾问”等称号，清政府也赏给他二等第三宝星（图7-4），而山东铁路公司与他多次续签聘用合同直至1908年，他的年薪达到3万马克加免费旅游和免费住房。

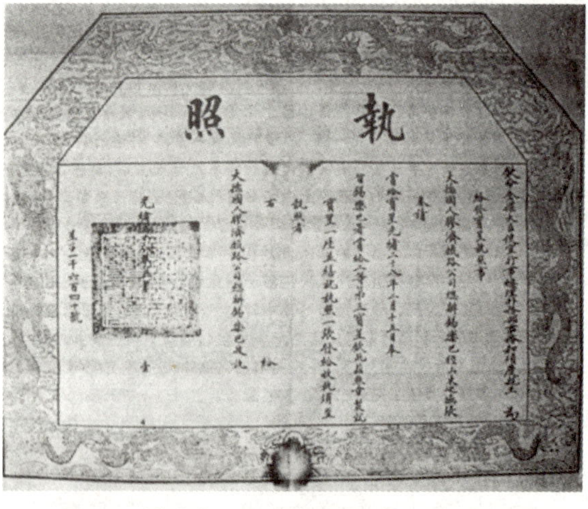
執照

图7-4　清政府1902年授予锡乐巴的宝星执照

时人对于锡乐巴的评价，存在两种截然不同的观点。张之洞一向对德国工程师比较推崇，甚至有些拔高，他向盛宣怀推荐锡乐巴时曾说，“铁路学以德为最精，凡英、法大工程多借助德人，凡大工师多出身德学，故无论何国人造路，锡乐巴均可用。其人学术精到，心地光明，甚为难得”。盛宣怀在与锡乐巴面谈后，对其评价是“精明通华语”，后来盛宣怀派锡乐巴勘估萍潭（萍乡—湘潭）运煤专线，他在向湖南巡抚陈宝箴介绍锡乐巴时称赞其“精于铁路，熟谙华语，香帅雇用多年，颇有机变”。

与张之洞等人的评价形成鲜明对照的是，山东的高官大员们对其评价甚低。曾担任过山东巡抚并与锡乐巴打过交道的袁世凯和周馥二人都非常反对锡乐巴。1904年11月，天津德华银行的利德尔到山东考察胶济铁路的经营管理，他在一封信中写道：“我遇到的人没有一位不反对锡乐巴……普遍指责他不真诚和顽固。我认为，锡乐巴留在领导层高位上对于公司是有害的。”1905年，德国驻南京领事在给驻京公使穆默的信中提到，山东巡抚周馥对锡乐巴公开表示反感，说他不真诚、无法让人信赖，而且非常固执，对中国工人很不友好，人们对此多有抱怨，他还任用一些无能之辈和臭名昭著的无赖，不仅青岛当地人，很多山东上层人士以及在公司工作的职员都对他不满，周馥不希望锡乐巴参与津镇铁路（后改为津浦铁路）建设。后来正是由于袁世凯及几位山东高官的反对，锡乐巴没能当上津浦铁路总工程师。另一位在山东铁路公司工作的铁路工程师多普米勒被任命为津浦铁路德方总工程师，尽管他在当时还没有很突出的成绩，但他性格平和、为人谨慎，这一点被德国人认为是与中国人打交道时“第一重要的”。值得一提的是，多普米勒的两个兄弟也一起参与了津浦铁路建设。1918年多普米勒返回德国，后担任德国铁路公司总裁和交通部长。

或许是因为锡乐巴出色的专业技能以及他对中国情况的熟悉，或许是因为当时确实尚无更合适的替代人选，总之锡乐巴还是长期担任了山东铁路公司青岛总办一职，直至1908年10月底锡乐巴因健康原因辞职。回国之前，德国人在青岛的海因里希亲王饭店为他举行了盛大的欢送宴会。回国的当年，锡乐巴被选为山东铁路公司监事会成员，任期至1913年。他住在家乡比特堡郡，做了一名铁路兼中国经济顾问，还曾在市议会任职。1910年，受德国公共劳动部委派到巴西圣凯瑟琳考察铁路建设。1912年他再度来华，但未能得到当时新建的北洋政府交通部的支持，不久黯然回国。

1925年8月21日锡乐巴在柏林去世。按照他的遗愿，他被葬在家乡比特堡，他的墓至今保存完好。2014年，当地政府出资将其墓碑重新修缮。锡乐巴生前在比特堡住过的房子于20世纪60年代被拆毁，工人们在房子内发现了中文手稿，于是将部分文件交到当地博物馆馆长手里。博物馆馆长看到后立刻赶到那所房子，在最后一分钟抢救出大部分手稿，于是锡乐巴的遗物得以幸运地保存在比特堡郡博物馆。如今，比特堡还有一条以锡乐巴的名字命名的街道（图7-5）。

图7-5　比特堡郡的锡乐巴街路标

锡乐巴辞职以后，由其胞弟彼得·希尔德勃兰德接任总办，其中文名为锡贝德。他来中国之前，也曾参与柏林铁路建设。1899年1月参与胶济铁路建设之前，他在淞沪铁路上工作。胶济铁路建设期间，他担任了两个建筑工段的负责工程师，修筑了两段共计233.2公里长的路段，占了全线的一半以上。后来，他还主持了津浦铁路北段的勘测工作。丰富的工作经历和经验使锡贝德成为接替锡乐巴的不二人选。就任后，他的年薪待遇与锡乐巴相同。一战爆发后锡贝德回到德国，1915年8月8日因突发心脏病去世。

八、筑路初期的暴力冲突

山东人口稠密又多以务农为生，土地是人们赖以生存的基础。在这里修建铁路、穿越农田，必定会激起很多矛盾。而山东传统社会历来又是不平静的，“由于贫困、灾荒、政治搜刮和社会不平，动乱时常发生”。历代山东动乱和农民起义之多，可以说名列全国各省区之首，而近代尤甚。1897年德国占领胶州湾的军事行动更是在山东引起了强烈反应。在这样一个充满不安定因素的地区修建第一条铁路，本身就是一个巨大的挑战，而德国人在铁路建设初期的野蛮行径又加剧了矛盾，导致严重暴力冲突的多次发生。

1. 第一次高密冲突：毓贤的无力抗争

1899年6月，山东铁路公司在即墨、胶州和高密等处进行勘测。公司员工在勘路植标过程中毁坏大量坟墓。毁人祖坟向来是中国民间一大忌，德国人的这一蓄意挑衅激起村民的反抗，发生了数次小规模冲突。6月18日在高密大吕庄，铁路公司雇用的一个小工在集市上公然侮辱一名年轻村妇，由于此类事件“非止一次”，“激动众怒”，赶集的村民们“群殴小工，顺便拔杆”，并聚围公司。锡乐巴闻知消息后，即刻从青岛赶到高密，要求高密知县葛之覃“补复标杆，查办殴工之人”，葛之覃“置之不理”。锡乐巴遂折回青岛，请求胶澳总督叶世克派兵保护路工。6月24日德军指挥官毛威率80名海军士兵和15名骑兵抵达高密。他们洗劫了堤东庄、刘戈庄和高密县城，杀害20多名村民，伤者无数，离开时还焚毁高密书院的全部书籍。

冲突发生后，山东巡抚毓贤派莱州府[①]知府曹榕前往高密查办，派胶州知州张承燮会商，并派二人同铁路公司代表锡贝德和高密分遣队头目毛威谈判。同时，毓贤致函胶澳总督叶世克，要求叶世克就路矿事宜与总理衙门订立合同章程，但德国人没有理会毓贤的要求，反而就高密骚乱向山东省官府提出赔偿要求。7月2日双方商定由中方赔偿德国桩价、兵费4 500多两。毓贤鉴于高密知县葛之覃办事不利，将其撤职，由季桂芬暂署知县之职。事后，莱州府知府在各地布告破坏铁路的惩罚措施：破坏路标者，罚款5两，若找不到破坏者，村长要负责筹集这笔钱；若有中国或德国铁路工人被杀或被伤而找不到罪犯，全村都将受到严厉惩罚。胶州知州让沿线20个村子签协议，承担保护该地区工程的责任。

6月底，胶济铁路重新开工。德军在高密待了两周后撤离，有12名骑兵留下来保护德国工程师。此次军事行动遭到了德国海军部国务秘书蒂尔皮茨的强烈谴责，尽管《胶澳条约》赋予德军在租借地50公里区域内的通行权，但他反对扩大德国

① 莱州府与胶州殖民地相邻，下辖胶州、高密和潍县等县。

在胶澳租借地以外的军事行动，因为这样可能会导致与中国的争端，而且也不能完全排除其他列强干预的可能。他强调，德国必须以青岛为据点，以山东铁路为依托，逐步巩固在山东的经济特权，与民众和谐相处，只有这样才能保障长久的成功。后来的发展证明，这次事件“只是更大范围、更严重争端的前奏”。

2. 第二次高密冲突：“强人”袁世凯与锡乐巴的较量

1899年12月，路堤修至高密濠里地区。当地“地势低洼，易受水患”，村民们请铁路公司改道，或“分段多开涵洞，以资宣泄”，而路员以“太费钱”为由“置之不理”，村民们“遂以铁路阻水为名，群起而与洋人为难”。莱州府知府曹榕同高密知县季桂芬奉命前往查办，一面安抚民众，一面缉拿首犯。1900年1月初，高密张家大庄等处再次发生聚众阻工，2月民众又袭击了铁路公司高密办事处，工程师不得不撤走，铁路建设完全中断。胶州附近的铁路工程也受到威胁，叶世克向胶州派出军队维持秩序。

这时的山东巡抚已经换成了袁世凯。此前的巡抚毓贤因支持义和团而遭到欧洲各国公使弹劾，他们向北京施压，要求将其撤换。袁世凯则因1899年7月的一份关于德国派兵高密的呈文而被任命为新任巡抚。袁世凯的方针是，不给德国人提供任何向山东内地派兵的口实，为此必须镇压骚乱，重建正常秩序。他要求官员应正确了解对外条约的内容，以便能恰当处理传教纠纷并维护中国的权利。德国人对于袁世凯的任命表示欢迎，他们认为袁世凯是进步人士而且对德国人比较友好，袁世凯还请德国教官训练他的新军。

袁世凯就任山东巡抚后，对民众斗争采取高压政策。1900年1月铁路公司要求军事支援，袁世凯立即派出300名士兵保护铁路建设，到2月底有1 000名中国士兵值守。另一方面，袁世凯决定按《胶澳租界条约》的规定与山东铁路公司另订详细章程。他认为章程“迄久未定”，以致“德人恃无钤制，往往恣意横行。加以东省风气未开，民情强悍，龃龉生事，时所不免”，所以，签订章程的目的是“使彼此均有遵守”，对德方“设法钳制，以期收回自主之权”，“中外相安”。他多次邀请锡乐巴去济南协商章程事宜，但铁路公司柏林管理层不同意锡乐巴去济南谈判。最后袁世凯打出了王牌：在济南举行谈判并签订章程之前，他禁止工程重新开工。对于铁路公司而言，如果不想让工程进度再无谓地拖延，就必须接受袁世凯的最后通牒。2月19日，锡乐巴和胶澳总督代表德国上尉布德乐前往济南谈判。袁世凯得知他们动身后，允许高密以南的工程重新开工，但高密以北的工程取决于济南谈判的情况。锡乐巴在动身之前，特意致电老东家张之洞，请求代为说和。他写道：

“远人缘蒙荐至山东承办铁路，今已载余。自胶至潍工程，将有成效，不意匪人散谣聚众，在高密以西，无端滋闹。敝国欲以用兵剿办。远人谓：‘中西振兴商务，无论官民，总归于和好。’今远人赴济，谒见袁抚宪，诚意说和，缘与抚宪未当识面，仰乞大人电致袁宪，玉成其事。且远人幸蒙大人不弃，愚陋在贵治效力数年，诚实之忱，大人所识已久，恳荷关照，感德无涯矣。肃此恭请勋安，敬贺新禧。青岛铁路锡乐巴拜禀。”

锡乐巴去济南谈判期间，由韦勒代行管理职责。关于高密冲突，连韦勒也承认是由于铁路公司没有按条约规定办事。1900年3月，韦勒向柏林报告了骚乱的起因：

“关于高密骚乱……德国人占领胶州湾以后，中德签订的条约中第二款规定，关于山东的铁路企业应建立中德股份公司。第三款规定，应就铁路公司的具体细节签订专门章程。但德国方面严重违反了这两款规定。在柏林建立的股份公司只由德国公司组成，根本没有问过中国人参与之事，更没有按第三款规定与中国人签订专门的铁路章程。只是简单地把工程师派到中国人的地区，进行勘测和定线后，就开始填高路堤。中国当局对此行为的抗议被完全驳回。人们猜测，中国当局将德国人的违规行为告诉了民众，因此激怒了民众。我对中国人并没有好感，但我仍然希望，皇帝的话‘正义必须保持正义’在这里也得到尊重。”

袁世凯与锡乐巴的谈判开始于2月底，袁世凯奏请调派曾在德国留学的记名副都统荫昌[①]参加谈判。袁世凯事先拟定好交涉路矿各章，然后会同荫昌与德方协商条款。谈判进行得非

① 荫昌（1859—1934），字午楼。毕业于北京同文馆，后公派赴德国军校学习。回国后，任天津武备学堂翻译教习，后升任学堂总办。1900年1月调至山东佐赞军务，在山东巡抚袁世凯麾下任副都统，1901—1905年任驻柏林公使。

常激烈，袁世凯称“凡与国家利权、民间生计有关碍者，均与该公司极力辩驳，期于处处持平，两无偏倚而后已”，双方“磋商二十余日之久，共议铁路章程二十八条，呈由本部院再三驳改，极力争辩。稿凡四五易，又发交各司道核议”。1900年3月21日，双方在青岛签署《胶济铁路章程》。该章程首先用德文写成，后由荫昌译成中文。这份章程对铁路建设和保护以及中国人参股等方面做出了详细规定，规范了铁路公司的行为，理顺了铁路公司与山东省官府的关系，有利于铁路工程的顺利进行。双方均对谈判结果表示满意。德方认为，他们只放弃了很少的权利就换来了铁路沿线的和平；中方只获得很少的铁路控制权，而且对铁路公司的经营活动没有很大影响。袁世凯则认为，通过签订章程，德国公司承认了铁路处于中国管辖权之下。有学者认为该章程的签订是“袁世凯个人的一次重大胜利，也是他上升为中国北方最重要政治人物的基础，章程的意义在于为中国政治提供了一种对付帝国主义列强经济渗透的方法”。1900年4月，高密濠里一带乡民再次聚众阻止铁路施工，袁世凯派人前往调查，妥善处理，骚乱很快平息下来。

3. 第三次筑路冲突：义和团运动高潮

义和团的前身大刀会，原是甲午战争期间由山东曹县地主和富农发起的以防盗贼、保身家为目的的组织。后来，德国传教势力在山东不断扩大，教会吸收了一些地痞流氓和匪盗入教，时常欺压百姓。于是，大刀会由防盗贼、保身家转向反洋教。1896年，大刀会的反洋教斗争被清政府镇压，遂转入地下秘密活动，1897年他们在巨野杀死两名德国传教士，给德国占领胶州湾提供了借口。1899年大刀会改为红拳、义和拳等，得到山东巡抚毓贤等人的暗中支持。后来由于袁世凯的镇压，山东境内的义和团于1900年春向北挺进，6月义和团运动蔓延至北京，拳民在北京放火焚烧教堂，攻击教民，破坏一切与西洋有关的事物。6月20日德国公使克林德代表各国前去总理衙门要求保护，途中被清军士兵击毙，由此引发八国联军武力干涉。次日，清政府向英、美、法、德、意、日、俄、西、比、荷、奥等十一国同时宣战。

此时，山东潍县和高密濠里一带的村民们也秘密组织起来，邀请义和团首领前来传授武术和法术。6月底胶河至潍县出现骚乱，8月胶澳边境的城阳爆发大规模冲突，义和团民抢劫了铁路工程师并袭击了德国人住所。被袭击的对象不仅包括外国人，还有中国工人。一位中国包工头报告说，他们在建设沧口铁路时，遭到村民辱骂，管他们叫“洋侍”“二鬼子”；甚至还有8名工人被村民打伤，其中一人死亡。由于这些原因，铁路公司很难雇到工人，工人们也非常害怕。

在胶澳租借地50公里区域以外，已经完成的勘测工作遭到破坏。袁世凯为确保外国人的安全，要求他们从内地撤出，并承诺保护他们丢下的财产。他要求铁路公司把胶州以西路段上的员工撤回。与此同时，锡乐巴再次要求叶世克采取军事行动，他在给叶世克的信中写道，“我们认为，一旦和平的手段失效，就有必要采取严厉措施，以便让居住在铁路沿线的民众知道，在我们身后有这样一个强权，它能够而且也准备保护德国的企业，惩罚破坏行为，保证它们将来决不再发生”。铁路公司柏林管理层指出，如果德国当局不采取相应措施，公司就难以在规定时间内完成铁路建设，就必须根据许可权申请延长期限。在此情况下，叶世克派了一支德军驻守胶澳边界，要求铁路公司在军队的保护下重新开始青岛—胶州段建设。在塔埠头，德军仔细搜查了整个村子，寻找被盗的铁路材料，还向村里的有钱人进行勒索。

1900年10月，叶世克与袁世凯达成协议，规定铁路50公里地带（两侧各25公里）以内的工程由胶澳总督保护，以外由中国当局保护。同时，叶世克向高密和胶州各派了200人的军队，以确保胶州—高密段恢复建设。袁世凯为避免冲突进一步升级，对德国人的行径没有提出任何抗议。德军在高密西南的几个村子又屠杀了200多名村民。11月，高密东北部又发生军事冲突，约有250名村民丧生。1900年冬，山东局势总体上缓和下来。1901年，山东省官府与山东铁路公司达成赔偿协议。

九、筑路冲突的根源

上文所述筑路冲突，其直接原因，可以归因于德国人野蛮粗暴的行为方式。在义和团运动中被杀的德国公使克林德曾于1900年2月写道，“骚乱是由铁路铺设过程中的粗暴行为引起的。别的国家多年来已经在中国修建了若干条铁路，但都没有受到干扰”。如果深入考察，可以找到其中更深层次的文化和经济根源。

1.“风水”文化

按《现代汉语词典》的解释，“风水”指住宅基地、坟地等的地理形势，如地脉、山水的方向等。风水学认为，风水的好坏可以影响家族、子孙的盛衰吉凶。中国在铁路建设之初，反对铁路的人提出的一个主要理由就是铁路会破坏“风水”，风水破坏了，就会有灾难降临。在人们看来，轨道的铺设、机车的喧闹和黑烟都会扰乱神灵，对坟墓、田地和房子产生不利影响；尤其铁路线的走向丝毫不顾及坟墓的位置，更是对祖宗的亵渎。“风水”曾是阻碍铁路在中国发展的最重要因素之一。一个19世纪晚期在中国生活了20年的德国人写道：“迷信链条上最强的环节就是叫作‘风水’的迷信，按字面意思就是

‘风’和‘水’，或者‘风和水的影响’。所有的人都受到它（风水）的影响，而且由于它阻碍自由的思维方式，必须把它看作最危险的绊脚石之一，它阻碍中国的文明和进步……风水禁止新事物的输入，认为该地区的安康会因此受到最严重的损害，招致洪水、瘟疫、干旱和类似的不幸。”

晚清新闻画报《点石斋画报》1897年曾刊登一幅题为“龙穴已破”的新闻画（图9-1），其文字如下：

“京师永定门外西南六里许马家堡，现已筑成铁路……正在开挖九龙山之际，穴中突出大蛇三头，身长十余丈，围粗若桶，盘旋逾时，御风而去。一时传播远近，男女观者如堵，并闻附近乡人云：九龙山共有九蛇穴居其中，故名九龙，今见其三凌空飞去，此间风水已为破坏，恐将来陵谷变迁，不知作何

图9-1《点石斋画报》的新闻画“龙穴已破”

景象。”①

文中所说的这条铁路即天津至北京铁路，于1897年修至永定门外的马家堡。该新闻画旨在表现铁路对“风水”的破坏，极尽渲染之事，给人以视觉的震撼，反映了当时人们对修铁路一事的畏惧和反对。

山东铁路公司起初没有重视“风水”，铁路线的走向不考虑坟墓位置，甚至毁坏坟墓，激起民怨。后与官府达成协议，规定有拆屋迁坟之事，铁路公司要通知地方官查勘商办。1900年又进一步规定，铁路应绕避坟墓，“不使因之受伤，至修理众多齐整坟墓，尤当顾惜”，若万不得已，应请地方官提前两个月通知业主，“使其另于他处能照原式修盖，且不使其于钱财上吃亏”。铁路公司为迁坟支付的赔偿费，在土地购买合同中予以规定。每迁一座坟，公司支付2～3元赔偿费。

在实际操作中，用钱解决迁坟问题看来是可行的。据铁路公司记载，“一旦证明了有实在的好处，‘风水’即‘风和水的灵魂’，就不再成为反对意见；一旦付给其亲属一小笔固定的金额用以迁坟，对死者的表彰（指坟墓包括墓碑——本书作者注）就不再是阻碍”。一位德国人在20世纪初写道：“当逝者的灵魂看到活着的后代因坟墓而满意地拿到一笔钱，它很快就得到安息，并因为分得了另一个安息处而予以理解。”另一方面，的确有部分中国人利用祖宗的坟墓发不义之财。德文报纸

①《点石斋画报》创刊于光绪十年（1884年），是我国近代第一本石印的新闻画报，由《申报》馆创办，旬刊，随《申报》附送，亦单独发售。1898年底终刊。

《青岛新报》报道，有些人通过将祖先的尸骨多次埋到铁路线上，得到3次或4次赔偿。一位在华北的美国工程师报告说：

“该问题（指坟墓问题——本书作者注）在商业基础上解决，规定8两的费用作为对打扰已逝先人的补偿并用于支付将逝者迁至新安息地的费用。经验表明，这一费用高出了实际费用，因为不仅反对声停止了，而且出现了一种新的生意。据发现，如果当地人事先得知一条新线路的位置，那么他们中比较有魄力的人，如果不走运在那条路上没有一个家族埋葬地，会在铁路动工前从邻居那里临时借来几位祖先，悄悄地将他们再埋葬起来。8两的费用似乎足以支付两次处理的费用，既有祖先所有人的佣金，又留给借方一笔可观的利润。”

总之，对铁路公司而言，“风水”问题没有构成特别严重的障碍，尤其在义和团运动以后，“风水”对于铁路建设不再起很大作用。

2. 复杂的土地产权

中国土地细割、土地产权关系复杂，都给铁路公司的土地征购造成困难。山东铁路公司曾这样描述这一困难：

“按中国的法律和习俗，很难确定某人是否有权支配一块地产、签订关于这块地产的买卖契约，以及接收为此支付的金额。地契与土地登记册一样少，这毫无疑问会给我们带来所有这些问题。置办地产的个人的权利，与其他作为总产权人和次产权人或难以确定其合理性的产权人的权利，此外还与来自家庭的、宗族的、乡镇的、行会的要求或者指令，相对立。”

由于铁路公司难以也不愿费工夫同各个土地所有人谈判土地买卖事宜，于是采取了一种简便的方式：由公司与各县的知县和乡绅代表就整个县签订一份土地购买合同，商定每亩土地的平均价格以及用于补偿迁坟和耕地损失的固定金额。构成土地的平均价格有两个方面，一是土地自身价值，二是给中国地方官的酬劳。例如在高密县，每亩土地的协定价格是37 000文大钱，其中32 000文是土地价格，另外的5 000文用来补偿知县及随同人员查看土地的费用。测量土地时，由铁路公司职员与各县知县一起进行，接着公司将付款说明交给知县并约定付款地点。公司向知县支付土地钱款后，知县给公司开收据和买地契约。然后由知县召集村庄长恳切开导，分等发给地价，迁坟移屋另偿以迁移费，有果木种植者亦另予赔偿；土地买卖契约均由村庄长承中立保，由知县转行发给。

铁路公司首先选择与胶州县签订土地合同，因为该县的知县张承燮对铁路建设比较热心，愿意与德国人合作，他还为中国包工头提供担保，所以公司在与胶州知县起草合同文本时最为顺利，而这份合同文本也成为以后合同的范本。至1900年5月，公司又与即墨、高密、昌邑、安丘和潍县签订了土地合同（图9-2）。

然而在实际操作中，铁路公司有时未等土地买卖完结就破土动工，而且公司付给农民的土地价格往往低于实际价值，公司通事（翻译）又“私行诡诈”，“为索人钱财，或吓由房宅，或吓经坟墓，多方凌逼”。此外，铁路公司所招募的铁路工人大都来自北方其他省份，他们的工资收入较当地人要高，经常与

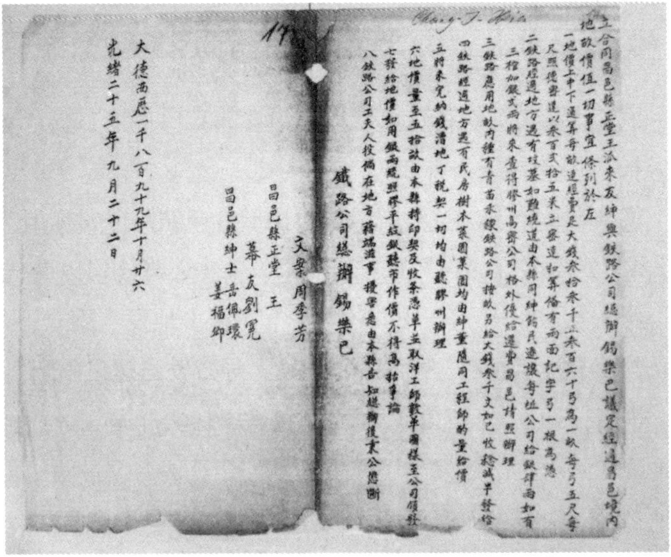
立合同昌邑縣正堂王派來友紳與鐵路公司總辦錫樂巴議定經過昌邑境內
地畝價值一切事宜條列於左
一地價上中下通筭每畝連租費足大錢叁拾叁千叁百六十弓為一畝每弓五尺每
尺照德尺通以叁百弍拾五米[illegible]通扣筭備有兩面記字弓一根為憑
二鐵路經過地方遇有墳墓如難繞道由本縣同紳約民遷移每塚公司給錢肆兩如有
三棺加錢弍兩將來查得膠州高密公司格外優給遷費昌邑請照辦理
三鐵路應用地畝內種有青苗禾稼鐵路公司按畝另給大錢叁千文如已收穫減半發給
四鐵路經過地方遇有民房樹木菜園果園均由紳董隨同工程師酌量給價
五將來完納錢漕地丁稅契一切均由該縣州辦理
六地價量至五拾畝由本縣持印契及收條憑单並取洋工師數[illegible]至公司領款
七發給地價如用銀兩照平紋銀藍市作價不得高抬爭論
八鐵路公司工夫人役倘在地方藉端滋事擾害應由本縣會[illegible]秉公懲斷
鐵路公司總辦錫樂巴
文案周季芳
昌邑縣正堂 王
幕友劉寬
昌邑縣紳士 吾佩環 姜福卿
大德西歷一千八百九十九年十月廿六
光緒二十五年九月二十二日

图9-2　山东铁路公司与昌邑县签订的土地合同（1899.10.26）

当地人发生矛盾，同时又依仗铁路公司的保护，其作奸犯科的行为很少受到惩罚。一位德国工程师评论道：

“……要与县令协商单位面积价格，由县专员查明详情并确定每一个所有人分得的金额。这种强制征收土地的做法激起了很大的民怨，此外人们还担心专员和地方官有欺诈行为……此外，土地所有人不是在路堤工程开始后立即就能拿到钱，而是在路堤建成并测定界石以准确确定所需的面积之后。中国人看着这些外来的野蛮人如何占有他们的土地，他们觉得自己被强迫了。”

铁路公司的这些行为，严重侵犯了当地民众的利益，矛盾冲突在所难免。

3. 农田排水

上文还提到，铁路建设破坏了当地的农田排水系统，这也是农民们向德国人发难的重要原因之一。例如，高密濠里地区本就“地势低洼，易受水患”，村民们曾向铁路公司提出“改道”或“分段多开涵洞”的合理要求，却被铁路公司以费钱为由拒绝。从1899年底至1900年2月，高密多地发生聚众阻工，民众甚至袭击了铁路公司高密办事处，导致铁路建设中断。

事后证明，农民们的理由完全正当。1902年夏，高密地区在连降四天大雨之后发生了严重的洪灾。无数房屋被毁，大片田地被淹，许多人无家可归。同年8月，一位德国海军工程师受胶澳总督委托到当地巡视。他在一份秘密报告中断定，洪涝灾害无疑是由铺设铁路引起的：

“铁路管理部门现在似乎也承认，该地段必不可少的疏水渠道因铁路铺设而被截断，因为听说事后它计划既要在本路段又要在接着到胶州的路段建造一系列桥拱达5米宽的桥梁，并且要扩建胶河大桥一到两个涵洞，每个宽15米。高密背后低洼的濠里地区，除了连续的下沉和下滑，铁路路基不会出现重大损害。但是，该地区房屋的大片坍塌和土壤的大面积流失清楚表明，这里的桥梁还是太狭小了，铁路铺设严重地破坏了洪水疏导系统。值得注意的是，同一铁路部门在青岛附近建造了若干大桥，甚至大得过分（不过，这使该城市获益匪浅，因为除此之外，别无通往海港的道路），它在中国内地建造的桥梁却又过分狭小，疏水系统因此极易失效。”

十、铁路上的中国劳工和中国员工

就人口数量而论，山东“食之者众，生之者寡”，资金不易聚集，但劳动力资源丰富。唯因教育不普及和教育内容空疏，近代事业中所需要的技工和专门人才极为缺乏，这是山东人力资源的重大缺陷。铁路公司一方面采用包头制，来满足铁路建设对大量廉价劳动力的需求，另一方面通过开办铁路学校，培养铁路运营所需的技术和管理人才。

1. 铁路劳工

华北地区由于气候关系，每年农作时间较短，农闲时间较长。农民们在农闲时做铁路劳工，不仅可以获得额外报酬以补贴家计，还能学到技能。由于土方和砌筑工程对技术要求低，胶济铁路的全部土方工程和绝大部分砌筑工程都承包给了中国包工头。铁路公司与包头及保人签订承包合同，明确规定工程的单位价格、具体施工标准、包头的责任、违约后果、验收和结账办法等。承包合同主要分填退土方工程合同、砌筑桥墩涵洞工程合同、置办乱石沙子等建材合同等种类。这些合同的行文款式和文字表述有一个基本的格式（图10-1）。合同签订后，公司在开工前4周通知包头，以便包头准备所需的簸箕、

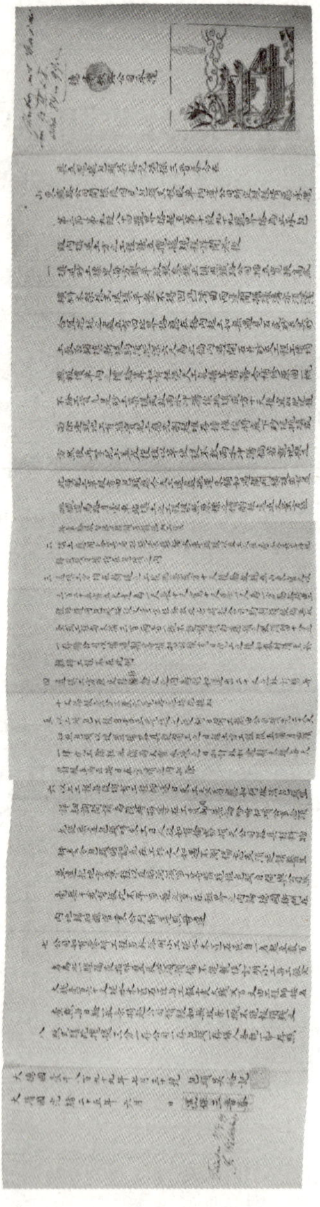

图 10-1　山东铁路公司与包头吴裕记、保人三晋春签订的土方工程承包合同

扁担、绳索、铲锄、挑板以及工人的住房、食具等，这些工具包括在合同价款之内。

土方工程分段承包，每段约10公里，按所运土方体积付给报酬，每方胶平纹银[①]2～3钱不等。各段都有德国工程师逐日查看，包头需就作业要求请工程师详细指导。各段土方完工十天后，由德国工程师与中国包头一起验收和丈量土方，工程师开收据给包头，包头则按规定日期去公司领取报酬，但只有在价款满三百两时才能领。价款的1/10预留公司以备工程延期时扣罚，等按时完工后，再如数付清。工期视具体路况，在5～7个月内必须完工，除非遇有雨雪冰冻；若不能按时完工，按每天罚银五两，从土方价款内扣除。尽管土方工程价格较低，但常有士绅申请承包土方工程。砌筑工程合同条款与土方工程合同条款类似。全部桥梁涵洞的砌筑工程约有20.7万立方米，分摊到每个劳工的日工作量为0.2～0.65立方米。

劳工由包头招募。青岛—胶州段上同时作业的工人最多时达6 000人；1902年春，在铁路全线上工作的劳工达20 000～25 000人，这包括当时所有从事铁路建设及供应和搬运石头、土方、石灰和水泥的中国人。土方和砌筑工程主要按体积计算工价，干零活的小工和匠人则按日支付工钱，小工的日工资为大钱160～180文，水泥、木石匠的日工资为大钱200～240文。按承包合同规定，包头对于公司职员吩咐的任

① 德占青岛后，颁布《租借地内商业使用度量衡章程》，规定只准使用德制衡器，每两合36克，所谓“胶平纹银”即是以此为标准来计算。

何公事，“必须允从无违”；包头还必须对所招民工的全部行为负全责，若有民工偷盗或破坏公司的器具、材料，由包头赔偿；若有民工遇不测伤亡，或须请医生，或违法滋事等，都由包头负责，与公司无关。在这种生存权毫无保障的情况下，劳工们的生活条件非常恶劣，通常每12～20人一起吃住在路边的一个小茅草屋里，淋雨和挨冻是常有的事。德国工程师韦勒提到，每天都有劳工死于伤寒，而总督府所派医生的职责仅限于确认死亡病例。韦勒驳斥了那种认为中国人懒惰的成见，他写道，“中国人日复一日成年累月地劳动”，直到新年才休息几周。

根据《胶济铁路章程》第23款规定，“铁路造成后，应设修路、看路工役人等，须托各该段本地殷实之老住户代雇，以保所雇之人均系安善良民”。这一规定既有利于维护当地的稳定，又可以为当地百姓增加一笔收入。青岛《德文新报》编辑芬克1903年在山东考察时曾记载，沿铁路每30公里住着一位德国的巡路员，负责每天查看路段；每3～4公里驻守一位中国领班，其手下有6名工人，他们的任务是维护轨道和路堤的整洁。这些人主要来自最近的村子，每个工人每天得到20分的报酬，这样他们的村子每月有40多元的可观收入。每个村子都希望这笔收入的来源不要断掉，因而都竭尽全力地维护好交给他们的路段，村长也亲自过问此事，确保工人们都尽了职责。

2. 中国铁路员工

山东铁路公司成立后，锡乐巴向设在青岛的斯泰尔教会提议建立一所铁路学校。1899年秋，铁路学校在该教会的支持下建立，它以培养铁路所需的中国职员为目标。一方面，由于中外员工的报酬差异，雇佣中国员工将为铁路公司节省很大一笔开支；另一方面，公司想让这条铁路少一些“外国”制造的色彩，并逐渐被更多的中国人接受。这所铁路学校是德国公司在中国建立的第一个学徒学校。

第一批学徒有13人，除一人以外都来自山东，他们在进入铁路学校之前是教会学校的学生，已经学习了铁路运营所需的预备知识。学校学制1年，课程包括德语、算术、电报学、铁路运营和车站业务等。在学校中，两位牧师负责教授德语，一位电报监工指导实际的电报操作，公司的几位职员教授铁路运营方面的课程，学校还为机车司机安排了特殊的教育课程，公司称赞他们“表现得很聪明”。学徒吃住都在教会，公司为每位学徒每月向教会支付8元。1900年义和团运动期间学校曾中断过，当年10月学徒全部返校。1901年9月，公司在致德国远东舰队司令蒂尔皮茨的一封信中称“学校已经取得了很好的成绩”。学徒学成之后被分配到铁路的各个车站，其中有些人成为小站站长，有些人成为大站的副手。后来几乎所有在车站工作的中国年轻人都是由这个学校培养出来的。当不再需要新的铁路职员时，1905年学校转成一所别的学校。

1904年，胶济铁路四方工厂创设徒工养成所，目的是培养一批德国式工匠。每年招收10人，学制4年，学成后为工厂效力2年。每天由德国人讲课2小时，其余时间到各工种现场实习，采取师傅带徒弟方式，由德人工长传授操作技术。中国工人还在德国人的指导下对运来的机车车辆进行纯机械化组装操作。通过“干中学”的方式，中国工人迅速掌握了“关于快速运转的蒸汽机和列车维护的复杂技术”。除了工厂培养的徒工以外，大部分中国工人是当地的木匠、铁匠和从青岛造船所以及从上海、天津等地招募来的工匠。1914年，工厂有中国工人270人，德国人14人。工人每天工作9小时，周日休息。工厂的主要生产任务是组装和修理机车车辆，至1914年共组装机车23辆，客车23辆，货车624辆。

除了铁路公司自己设立的学徒学校以外，1908年中德合作开办了青岛特别高等专门学堂，它是一所专门培养高级工程技术人员的学校。学校设立了工艺科，学制8个学期。头5个学期学习基础科学，包括算学、物理、力学、化学、几何、地质，后3个学期学习专业课程，主要有机器、电气工艺、建造、矿务、熔铸、造船、化学工艺等。船坞、矿务和铁路公司的工厂被用作实习场所。

当培养出来的中国员工能够胜任车站工作后，德国人就把全部小车站都交给中国人管理，只有青岛、潍县、高密、周村和济南等几个大站由德国人担任站长。根据统计，1904—1907年铁路公司的中国职员所占比例分别为89%、90%、88%和87%。中国人在行政管理工作中担任秘书、助理等职，在车站服务和技术工作中担任站长、车站助理、电报员、扳道岔工、调车长、机车司机、列车员等职，锡乐巴称赞他们“无可指摘地行使职责”。山东巡抚还授予中国站长和列车长以相应的中国官阶，以使他们能长期安心于铁路工作，官阶从五品至九品不等，礼部也批准将他们正式编入朝廷官员中。中国铁路职员在中国民众中享有较高的声望，曾有一位清廷将军由于拒绝出示车票而被中国铁路职员请下了火车。在欧洲人面前，中国职员也努力获得无条件的尊重。1913年，铁路公司有55名欧洲人和2 288名中国人，这些中国人中包括768名雇员和1 520名工人。

十一、济南开埠

1904年上半年胶济铁路即将建成通车之际，山东省官府为积极应对这一形势变化而采取的一个重要举措就是在山东内地，即济南、周村和潍县三地设立“自开商埠”，其目的就是削弱德国人的支配地位，保障中国地方精英参与发展的机会。

自鸦片战争开始，西方列强对华行动的根本目标就是要占领广大的中国市场。伴随每一次大的中外战争而签订的不平等条约，几乎都涉及中国通商口岸的开放。在中国近代，“约开口岸”成为一个突出的条约现象，终晚清之世，中国被迫开放了70个通商口岸。这些“约开口岸”成为列强在华政治经济势力不断扩大的重要标志，也是中国半殖民地化程度不断加深的突出表现。随着越来越多通商口岸的开放，中国人逐渐认识到通商贸易在发展民族经济中的重要作用，开始对通商口岸的作用进行新的思考。以李鸿章为首的洋务派在19世纪70年代已认识到，开放通商口岸是“利弊各半”的。晚清著名思想家王韬、郑观应等提出的重商思想，亦对开埠通商的观念起到了促进作用。甲午战后的严重民族危机直接刺激了自开商埠思想的进一步发展。就在“百日维新”发生前不久，总理衙门以恭亲王奕䜣领衔上折，奏请开湖南岳州和福建三都澳为商埠，以“振兴商务，扩充利源”，这一首次自开商埠的奏折很快得到清政府批准。接着，直隶秦皇岛也开为商埠。“百日维新”中，光绪皇帝发布上谕称，“欧洲通例，凡通商口岸，各国均不得侵占。现当海禁洞开，强邻环伺，欲图商务流通。隐杜觊觎，唯有广开口岸之一法”，命“沿江沿边各将军督抚迅就各省地方悉心筹度，如有形势扼要，商贾辐辏之区，可以推广口岸展拓商埠者，即行咨商总理衙门办理，唯须详定节目，不准划作租界，以均利益而保事权”。可惜变法失败，未能实行。

约开商埠与自开商埠存在着本质的不同。总理衙门在1898年就秦皇岛、吴淞等地开埠事宜提出的“自开商埠办法”咨文中做了明确解释：“此系自开商埠，与约开之通商口岸不同，其自主之权仍存未分。”约开商埠“以我系受条约限制始行开放，故我之主权，皆受有极大之限制”；自开商埠则“以由我自行开放，未受束缚于条约，故我有自主权”。自开商埠较之约开商埠具有鲜明的主权在我的特点，其表现主要有：行政管理权的独立自主，取消土地永租制，司法独立，征税权独立。

1903年胶济铁路修至鲁中，青岛有德商多次“呈请在济南开设洋行，与华商伙开行栈”。山东巡抚衙门认为，“与其专利德商而他商无所与，不如由我自开商埠较为有益各等”。为阻止德国势力在省内蔓延，山东巡抚周馥致函外务部，请求将济南自开商埠，以维护国家主权。外务部很快复函表示同意，并建议参照福建三都澳、湖南岳州府、直隶秦皇岛等处办法自定章程。周馥立即着手与直隶总督袁世凯等人商议开埠事宜，拟定详细方案，其指导思想非常明确，即维护主权和约束外商。值得注意的是，在山东与外务部的这些早期往来函稿中，没有提到周村和潍县作为分关与济南同时开埠的问题。目前尚无证据可以断定在最初的酝酿中即已决定同时开放三处为商埠，“更大的可能是在方案逐步完善的过程中才有了周村和潍县同时开埠的设想”，这显然比济南单独开埠更高明。

1904年5月1日，胶济铁路正式通车前一个月，北洋大臣兼直隶总督袁世凯与山东巡抚周馥联名上奏。奏折中称：

“……查得山东沿海通商口岸，向只烟台一处。自光绪二十四年德国议租胶澳以后，青岛建筑码头，兴造铁路，现已通至济南省城，转瞬开办津镇铁路，将与胶济之路相接。济南本为黄河小清河码头，现在又为两路枢纽，地势扼要，商货转输较为便利，亟应援照直隶秦王岛（秦皇岛清朝时曾被称为秦王岛——本书作者注）、福建三都澳、湖南岳州府开埠成案，在于济南城外自开通商口岸，以期中外商民咸受利益。

至省城迤东之潍县及长山县所属之周村，皆为商贾荟萃之区。该两处又为胶济铁路必经之道，胶关进口洋货，济南出口土货，必皆经由于此。拟将潍县、周村一并开作商埠，作为济南分关，更于商情称便，统归济南商埠案内办理。相应请旨敕下外务部核议具奏。俟议准后，先行照会各国驻京使臣查照，再由臣等将划界设关及一切应办事宜，督饬山东司道并东海关、胶海关各监督税司等，妥议章程，酌定开办日期，分别奏咨办理。”

由于这份奏折是正式文件，或许需要公之于众，所以措词较温和，民族主义的锋芒收敛，对开埠的主要动机——抵御德人势力秘而不宣。1904年5月4日，清廷上谕请外务部奏议。5月15日，外务部上折具奏表示支持山东自行开埠，并强调“泰西各国，最重商务，每多开辟口岸，以便彼此通商，而为主国者得以设关榷税，即于筹饷之道亦属有裨”。5月19日，清政府正式批准山东同时开放济南、周村、潍县三处商埠。

为避免给德国方面造成中国未与之协商就擅自开埠的印象，外务部向德国驻京公使说明了袁世凯和周馥的建议及章程草案，同时命令驻柏林公使荫昌在德国人提出异议之时，向他们解释中国的目的是为了鼓励贸易。事实上中方多虑了，因为德国人对此事的反应几乎完全是被动的，他们在那时已经不再认为德国在山东应该或者可以抗议中国的这种举动了，他们甚至猜到了济南可能会开放。胶澳总督特鲁泊已经意识到这些措施是针对德国势力的：

“开放商埠初看起来好像是迎合德国人而采取的措施，正如我从一开始就猜测的那样，也如从海关官员施图尔曼博士发表的言论反映出来的意念那样；而按照周馥的意见，这种意义并不存在。施图尔曼博士曾经就此事与周馥进行过详细交谈。这些商埠之所以要开放主要是为了吸引别国商人前来贸易，以便削弱德国人过大的势力，因为德国的扩张已成为不可避免的现实。”

当年《东方杂志》评论道：“德国尝以独占山东全省利益，屡向北京政府要求权利。其所经营者，着着进步。周中丞见此情形，深知其害，遂将济南、潍县、周村镇三处，辟为商埠，俾利权不至为德人所垄断。密奏朝廷，既获俞允，忽然宣布万国。德人闻之，亦惟深叹，其手段之迅速而未可如何也。”无论是胶澳总督还是德国驻京公使都没有提出任何反对意见，因为他们明白这样做不会有好的结果，只会招致不信任和怀疑，山东绝对不可能不向其他国家开放，何况美国人、英国人和日本人在山东都有影响。

袁世凯为使商埠能适应和满足外国人的需要，专门召上海道台袁树勋，以上海的法律法规为典范，监管商埠行政法规的制定。杨士骧任山东巡抚后邀请日本人在商埠建领事馆并许给一处免费场所，他还为日本三菱公司预留一处上好的位置以备未来使用。英国人也在济南建立了领事处。1905年2月，经袁世凯、周馥（1904年10月升任两江总督）、时任山东巡抚胡廷干等人反复商议，拟定了《济南商埠开办章程》，内容涉及定界、租地、设官、建造、税捐、经费、禁令、邮电、分埠九个方面。其中，商埠界址“拟在西关外胶济铁路迤南，东起十王殿，西至北大槐树，南沿长清大道，北以铁路为限，计东西不足五里，南北约可二里，共地四千余亩”。商埠突出了主权意识，规定“其商埠定界以外所有城厢附近各处仍照内地章程，不准洋商租赁房屋，开设行栈”，电报、电话均属中国主权，“严厉限制，不得由外人设立”等。考虑到“开埠之始，首重招徕，将税关暂缓设立。所需各项经费先由华官自行筹备。针对租地建筑和治安问题又专门制订了《济南商埠租建章程》和《济南商埠巡警章程》。济南开埠参酌了其他自开商埠的经验，筹划较充分，有学者认为济南开埠章程“极可能是晚清自主开放的各商埠中章程最为详尽而完备的”。

经过一番筹措，1906年1月10日济南、周村和潍县三地同时举行开埠典礼，正式开放为“华洋公共通商之埠”，三处商埠都以胶济铁路为界。商埠区的主管机关是商埠总局，其行政管理完全独立于旧城的行政管理。济南从开埠之初就较为重视基础设施建设，商埠区的建设规划是聘请德国人设计的，所以在土地政策和城市建设方面与青岛有某些相似之处。土地都由政府垄断并广泛控制。城市建设方面，都事先绘制平面规划图，兴建排水工程，建立仓库、宾馆、邮局、电话局、公园和警察机构等公共设施。至宣统年间，济南商埠的硬件建设已初具规模，由原来的田野和村落变为街道较为齐整、设施相对完备的商业区。现代德国汉学家余凯思评价说，中国人显然想把“自开商埠”建成一个能与外国人控制的“约开口岸”相对抗的中国模式。

为扶持本国贸易，促进商埠发展，山东省官府制定了一系列“通商惠工”政策，不仅免、减、缓了多种税费，还专门制定奖励措施，鼓励中国人投资工商业。外国大公司、居民和大部分驻华领事人员都选择迁到商埠区，许多中国人也将其生意或住所迁到商埠区，因为那里的交通和公共设施都很便利，比住在旧城区要好得多。各类商会组织纷纷建立，到1913年济南商会入会商号总数已达1 800余家，商会组织在解决商务争端、举办公益事业及保护民族工商业方面起了重要作用。济南城市的功能和结构发生了重大变化，从政治中心向综合型城市转化，开启了济南城市的现代化进程。

自从清政府实施自开商埠政策，约开商埠数量的增长速度大大减缓，民国初年除补开清季“约定”开放的几个口岸外，所有口岸均系中国自动开放。但像山东这样在一省之内同时开放三处商埠，在近代开埠史上是绝无仅有的。这是当时山东地方当局为防止胶济铁路通车后出现德国利权扩大、中国主权再失状况的重大决策，具有挽回利权、自强爱国的强烈民族色彩，又是山东地方当局为通盘筹划山东的近代化事业，努力发展山东经济所做出的重大政策性调整，具有追求文明进步、推动社会发展的鲜明时代色彩。这一重大举措，使得在清末新政改革中已经走在各省前面的山东进一步奠定了其优势地位。鸦片战争以来开辟的商埠，多在江海之滨，有水运之利。济南等三地则全在内陆，开埠所依据的是铁路枢纽的区位优势，将山东的对外开放从沿海扩展到内地，有利于山东地区工商业的繁荣，加快了周村、济南、潍县三地城市近代化的步伐，促进了整个山东地区政治、文化及社会生活各方面的进步。

十二、铁路车站及周边公路的建设

胶济铁路是山东省的第一条铁路，人们对它的接受经历了一个过程。筑路初期的几次暴力冲突使人们对它产生了抵触情绪，对铁路技术的不了解又引起了人们的畏惧心理。《青岛新报》描述了人们第一次见到火车行驶时的情景：

“通车日那天，沿铁路路基站立的中国人惊异地打量着这辆崭新壮观的火车，尤其是前端喷火的火厢。当火车向他们驶来，他们大惊失色，在这个轰隆隆的庞然大物面前逃开了。”

由于不明白其中的技术关联，人们猜测机车驾驶室起着如同挽畜的作用，称其为“铁牛”。昌乐“每值农历五月二十八日，城隍诞辰，四方农民进城赶集，顺便观看火车。站前站后，人山人海，睹此怪物，品头论足，盲目推测，有言机车庞然大物，系神牛之化身；或言异龙之驯服，喷云吐雾，可资证明。大吼一声，惶恐万状”。筑路初期对铁路的反对导致很多车站被挡在县城城墙之外，因为人们不想让“火龙”靠近。锡乐巴在1906年一份关于铁路车站的报告中写道：

“定线之初，并不是在任何地方都能为铁路运输的发展而将火车站设在紧邻人口稠密和交通繁忙的地方。其原因一方面是地形困难，另一方面是铁路建设之初民众的反对，他们不希望看到铁路穿过坟墓和庙宇。

在第一段开通运营后，中国人很快地认识到现代交通工具的优点，在铁路建设的后半段，民众很快改变了以往的想法。胶州火车站和潍县火车站都离城墙差不多1公里远，接下来的周村火车站和济南府火车站都离商业中心很近，近到地形所能允许的限度。在决定省城济南府火车站位置时，开明的山东巡抚周馥甚至要求，将已规划的东西火车站移近济南城，并在省城的西北门增加一站。

在德国也有这样的事情，今天有些城市就苦于火车站离得远，因为铁路建设时，城市行政当局阻止铁路公司将其车站靠近城市。”

车站除了地理位置应近便以外，还需具备良好的通达条件，比如，通往车站的公路。公路建设属于基础设施建设，中国历代官府在这方面都做得很少，除了官方的驿道，其他道路普遍简陋。直到19世纪末，山东同其他省份一样，道路都是土路，一到雨天，难以通行。1898年盖德兹考察山东时，这样描述当时介于济南府和泺口之间的主路：“修路时只简单地用土抹成拱形，然后用力踏。第一辆经过的手推车自然就形成一条轨道，其他手推车跟着，八天后道路又成旧的了。”为了减小因天气原因给铁路运输带来的不利影响，方便人们在雨天也能比较顺利地到车站乘车或发货，铁路公司决定在几个大城镇，如潍县、青州府等地，修建通往车站的公路。

然而公路建设不是铁路公司职权范围内的事情，铁路公司必须与山东省官府及地方官府协商解决。早在1902年6月潍县通车前很久，铁路公司就向潍县知县提出建一条从火车站通往县城的连接道路，当地士绅和商人也表示出很大的兴趣，于是铁路公司以为在潍县通车前就能完成该段公路的建设。但直到当年11月潍县知县才同意了铁路公司的这项建议，可是还必须上奏山东巡抚，因为知县没有钱修路。在公司管理层的请求下，巡抚周馥同意由铁路公司承担施工，由潍县地方当局承担工程费用。1902年11月25日，铁路公司与潍县县衙举行会谈，山东巡抚也派了代表参加。会谈过程中，潍县知县始终都不赞同该项工程，说文人们会反对修路，因为它破坏“风水”。铁路公司的人则反驳说，潍县当年通过会试的考生比以往多，显然铁路改善了“风水”；官府代表似乎也不得不承认这一点。最终，连接潍县县城与火车站的公路还是建成了。《德文新报》编辑芬克评论说“这可能是中国最好的道路。20米宽的路堤从铁路笔直地通向主城门。整个路面铺设了方形花岗岩”。铁路公司在青州府和周村也修建了通往火车站的公路，费用分别由青州府和周村所属的长山县负担。由济南府通往济南府东站和西站的公路，则由山东巡抚衙门负责建设。

胶济铁路车站周边公路网的建设，既是铁路公司积极适应当地环境的结果，又对山东经济社会发展产生了有利影响。但另一方面，也有报告说，为了满足对这些道路维持费用的需要，很多地方官府在城门口和沿途派驻税吏和警察，对过往小车和运货牲口横征暴敛。由于税额过高，引发了动乱和店铺关门。人们向巡抚衙门提出抗议，最后商人和县官们就税率达成一致，按公路费用的适当比例制定了一个征收税率。

十三、小清河连轨线（济南府东—黄台桥）

小清河横贯山东北部冲积平原，居黄河以南。南宋建炎二年（1128），济南知府刘豫投降金朝，被金册封为伪齐皇帝。刘豫为方便海盐运往内地以供军需及向南宋“出口”，率众开挖小清河。该运河由济南发源，沿东北方向流经章丘、邹平、长山、桓台、高苑、博兴、广饶等县，至羊角沟入渤海莱州湾，全长237公里。运河流域地势平坦，河道坡度小，淤积严重。历史上曾进行过多次治理，而以清光绪年间整治最为彻底。光绪十七年（1891），以工代赈，贯通济南至入海口全部河道。光绪三十三年（1907），署理山东巡抚吴廷斌筹资建闸11座，以节制水位，保证航运。疏浚后的小清河，水深而宽，大小船只都能通过，便利了省城济南与渤海沿岸之间的交通和贸易往来。位于小清河入海口的羊角沟与虎头崖、龙口、烟台之间，民船往来频繁。

位于济南东北的黄台桥是小清河上游最大的货运码头，距济南城约3公里，距黄河泺口码头6公里。那里有很多经营船行、货栈、运输业的商号。凡由济南经小清河出入的货物，都要在黄台桥码头装卸起运。盐是小清河运出最多的货物，输出方向一是经海路运江苏，二是从黄台桥运至泺口，再转由黄河民船运河南。居小清河货运第二位的是粮食，主要有产自鲁西的小麦、产自河南的大豆及杂粮，主要运往烟台及胶东沿海地区。其他经小清河输出的货物还有草帽辫、棉花、苇席、花生、博山陶瓷等。在商品输入方面，从烟台、龙口输入的货物大部分为洋杂货和废铁；从上海输入的以各种南货为主，输入最多的为南纸；从大连、营口及朝鲜输入的主要是杂粮、木材和海产品。

1904年3月，胶济铁路通至济南府东，该站距小清河只有2.5公里。虽然路程很短，但货物在小清河与铁路之间来回搬运还是很不方便，于是有中国商人商议从小清河建小铁路通至济南府东站。铁路公司也有意修建这条连轨线，以便将小清河运输引向铁路和青岛。然而《胶济铁路章程》第十三款规定，山东铁路公司“不准擅行另造支路”，“每造一岔路，必须预禀山东巡抚，以备查核”。于是公司总办锡乐巴向山东巡抚周馥请示修建小清河铁路，并称若建小铁路，恐怕与大铁路轨道不接；若招商承办，可能产生两家机构意见不合。周馥也考虑到铁路公司所请毕竟对商业有利；而且该工程太小，不值得另招商集股；何况按《铁路章程》，修铁路仍须购买德国材料，不如仍归该公司一手办理。但他同时强调，小清河连轨线的路权归中国。

1905年1月，山东省农工商务局同锡乐巴签订《小清河岔路合同》（图13-1），由山东铁路公司承建自济南府东至小清河南岸（黄台桥）铁路，农工商务局筹款2万两，不足的款项由铁路公司筹备；根据锡乐巴的意见，最少要花费4万两。铁路

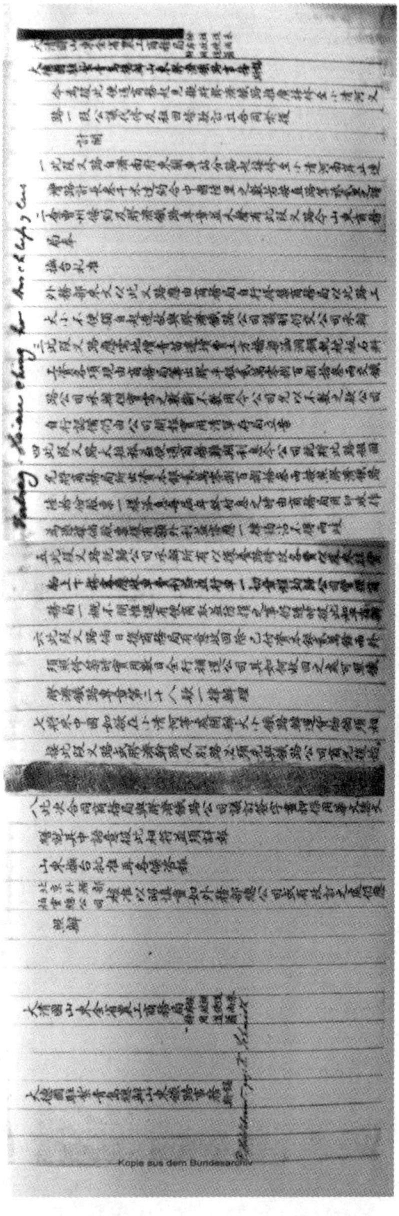

图 13-1 《小清河岔路合同》

建成后由铁路公司租赁经营，商务局捐的2万两折作60股由铁路公司根据营业状况支付利息。该路属于中国产业，不作为胶济铁路的组成部分；日后商务局有权收回，并补偿铁路公司修路的费用。

小清河连轨线于1905年动工，当年建成。沿线修建桥梁4座，涵洞7座，桥梁设计载重等级为轴重13吨。小清河连轨线沟通了小清河与胶济铁路之间的水陆联运，同时也使小清河沿岸地区的许多货物改走铁路。1913年一位在山东旅行的德国人写道，“以前这条运河用来作为济南府和芝罘、天津及牛庄之间的运输通道，后来运输也被山东铁路侵夺”。直至1914年，小清河仍然是以民船运送官盐、木材和杂货的重要通道。

十四、两座相邻的济南车站

在胶济铁路建成通车后的第七年即1911年，在距离胶济铁路总站济南西站约200米处，一座华丽的车站大楼拔地而起，它就是津浦铁路济南站。两座车站相隔如此之近，这其中有什么故事呢？就让我们先从津浦铁路的建设讲起。

1. 津浦铁路建设概述

1880年，直隶总督刘铭传奏请速造清江浦经山东至北京铁路；1886年，卸任俄使曾纪泽复奏北京至镇江铁路亟应兴修；1897年江苏候补道容闳向总理衙门请求集股修建由天津经山东德州至江苏镇江的铁路（津镇铁路），均未果。

1898年，英国强索津镇等路权。德国坚决反对英国承办通过德国势力范围山东的津镇铁路，并提出由德国承办该路。后来英德达成妥协，共同建筑该线。1899年5月，清政府与英国汇丰银行和德国德华银行代表签订《津镇铁路借款草合同》，分两段筑路，北段天津经德州、济南至山东南界之峄县由德国修建，南段峄县至镇江由英国修建。后因英、德各自忙于其他事务，无暇议定正式合同。

1905年以后，中国收回利权运动高涨，直、鲁、苏三省绅商要求废除津镇草合同，由三省绅商自办，清廷未允。1907年清政府重开谈判，提出“让利争权”四字方针。英、德迫于形势，同意铁路的修筑权和运营管理权归中方。鉴于沪宁铁路即将建成通车，清政府遂将铁路终点改为浦口。1908年1月，清政府与英、德签订《津浦铁路借款合同》，借款500万英镑，年息5厘，仍分南北两段筑路，天津至山东南界由德国修建，山东南界至浦口由英国修建，中方自行聘用英、德两国总工程师。

1908年7月和1909年1月，津浦铁路分别在天津和浦口举行开工典礼。北段建设以泺口黄河大桥工程最巨，大桥的选址最后由詹天佑等人确定；南段建设以淮河大桥工程较大。1910年由于工程款不敷，又向英、德借款480万英镑。同年，德国在济南兴建津浦铁路大槐树机器厂（后来的济南机车厂），1913年建成投产。1911年9月除黄河大桥外，津浦铁路分段通车。1912年11月黄河大桥完工，铁路全线贯通。津浦铁路通车后，山东省的铁路交通与北部的河北和南部的江苏相贯通，从北京或更远的张家口经天津可达青岛。

2. 两座相邻济南车站的形成

胶济铁路开工之时，《津镇铁路借款草合同》已经签订。由于津镇铁路（后改为津浦铁路）也将经过济南（图14-1），所以胶济铁路建设之初已经考虑了日后与津镇铁路在济南的接轨问题。1903年山东铁路公司在规划济南府车站时，决定在济南分别建东站和西站两座火车站，并把济南府西站作为胶济铁路和津镇铁路的共用车站，还为此购置了一处长1 850米、宽300米的大面积土地，济南府西站的轨道之间保留了必要的空隙，以便日后能插入津镇铁路的轨道。当时，山东省官府亦认可济南府西站作为日后津镇铁路的车站。德国人一直以为他们能掌握津镇铁路北段的路权，所以让这两条铁路接轨是很自然的事情。

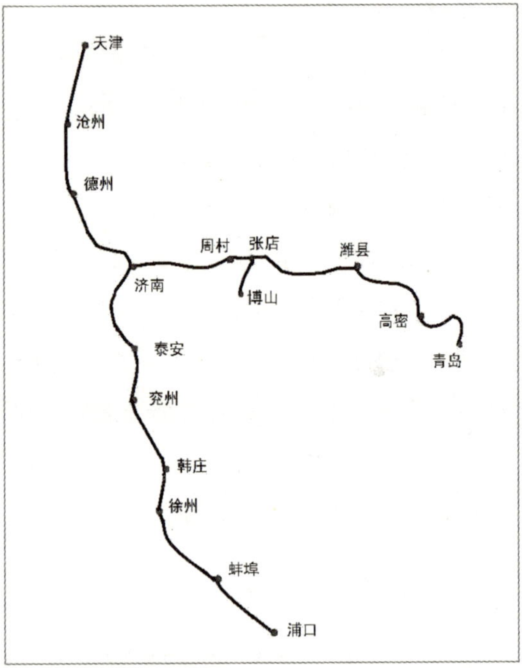

图14-1　胶济、津浦两路位置关系图

尽管德国人在1908年被迫让出了津浦铁路的建设权和经营权，山东铁路公司仍然相信两路共用济南西站是理所当然的。他们在给驻京公使的信中写道：

“将国有铁路（指津浦铁路——本书作者注）的车站设置在山东铁路终点站附近或与其完全分开，这一安排……完全行不通。可以预见，这种安排会由于乘客从一站换乘至另一站，以及由于困难和麻烦的转运货物，对公共交通及对两个铁路管理机构而言都是最不利和最麻烦的，决不符合目的。

在德国如在其他国家一样，大部分铁路管理部门要用更大的花费，将一个城市里位置分离的火车站相联合，以方便交通，并将车站置于共同管理之下以节省营业花费。如果国有铁路不采用济南府西站建设时所规划的共用车站的话，不仅对我们的铁路，对国有铁路也是一个很大的错误。”

按德国人的估计，津浦铁路若建一座独立的车站，即使铺设较轻的轨道，至少也要花费30万~40万马克。不过，德国人也明白“中国人为争取独立自主和不依赖外国人，即便单独建一座车站要额外花很多钱，也不是不可能的事”。

山东铁路公司与津浦铁路管理层经过长时间协商，始终未能达成一致。到1910年底，德国人终于认识到不太可能共用济南西站了。中国方面为有效控制津浦铁路的路权，不让德方染指，最后决定在胶济铁路济南府西站以北约200米处另建车站。1911年4月9日，胶济铁路与津浦铁路双方就济南的铁路设施达成协议，规定了车站道路、土地交换、轨道距离和桥梁建设等方面的内容，两座济南站之间设有两股联络线，并通过天桥和地下通道相连，行人走天桥，手推车走地下通道。

德国驻济南府领事对此协议的签订表示欢迎，他在致德国首相的信中写道：

“德国火车站直接位于外国租界，靠近城市，因而比中国车站更有利。最初共用车站的要求，德国方面有权放弃，因为这一理论上的想法在实践中可能只会导致持久的损害和摩擦。地产投机商和德国铁路的对手决不会不倾向于将中国车站尽可能地远离山东铁路。目前的解决办法是在工程顾问多普米勒于天津、我于孙宝琦（时任山东巡抚——本书作者注）处多次表达了类似意思之后，由中国管理层自己建议的。

只是希望，山东铁路——其外观有些过分朴素，简单朴实得跟津浦铁路一对比就相形见绌——至少能在省会城市建立一座壮观的车站大楼，在各方面都成为典范的车站和设施能作为德国建筑艺术和技术的代表。它不仅要给中国人以深刻印象，而且要给国际旅行大众都留下深刻印象。目前的铁路设施连部分中国人也对其有批评，因为它不再能与中国其他铁路相比了，公司对此也不会没有认识。”

若从纯粹的技术和经济角度考虑，中方选择另建独立车站似乎不合理，但若从政治立场出发，考虑到当时清政府力争实现路权自主的迫切要求，这一决策不失为一种合理的选择。可以设想，如果津浦铁路与胶济铁路共用济南府西站，那么不仅在修建济南站的轨道设施时需要与德方协调，更为重要的是，津浦铁路的运营也必然受到德方的制约，摩擦和矛盾不可避免。

1911年12月，由德国建筑师赫尔曼·弗舍尔设计的津浦铁路济南站建成（图14-2，这就是现在人们所说的“济南老火车站”，1992年3月被拆除）；1912年，胶济铁路济南西站

（图14-3）进行了改造，以方便两路客货运输的转入和转出。20世纪30年代以前，两座火车站各行其道，互不干扰。1937年底日军占领济南，次年将胶济、津浦两路的济南站合并，1940年4月竣工，胶济铁路自391公里又70米处改线接入津浦铁路济南站。

图14-2　津浦铁路济南站

图14-3　胶济铁路济南西站

十五、泺口连轨线

泺口位于黄河南岸，济南府以北，是黄河中下游的主要货运码头，也是山东与陕西、山西、河南、河北等省进行贸易的要冲。由这些省份运往山东的出口土货，如草帽辫、茧丝、花生等，大都通过黄河运至泺口，然后再转往各地市场，或经黄台桥沿小清河运抵羊角沟，海运出境；而通过黄河由山东东部、中部运往河南等地的货物主要有盐、砂糖、煤油、火柴、海产品等。胶济铁路修通后，泺口成为黄河与胶济铁路之间重要的水陆中转市场。

1904年山东铁路公司曾与时任山东巡抚周馥商定，将胶济铁路济南西站作为与津镇铁路共用车站，并规划一条济南—泺口连轨线作为共用轨道。后来津镇铁路建设一再推迟，中国商人不断地向山东铁路公司抱怨：至泺口的路况很差，下雨天无路可走，必须花很大代价才能把货物从泺口运到胶济铁路上，他们建议铁路公司修一条连轨线。1905年铁路公司多次向继任山东巡抚杨士骧报告此事，杨士骧转达直隶总督袁世凯的答复说津镇铁路不久就开始修建。然而直到1908年津浦铁路才动工修建。1910年2月津浦铁路济南府—泺口段（7公里）建成通车，起初主要运输粮食，后来大量南方货物也经黄河运至泺口，再通过铁路转运。

1911年5月，胶济与津浦铁路在达成济南车站安排的协议之后一个月，又签订《津浦胶济两路暂订联络轨线互通货车章程》(以下简称《互通货车章程》)，规定两路货车可以相互过轨行驶，但“专指整车或至少半车货物而言”。也就是说，两路的载货列车可以互通。不久，两路正式签订《胶济津浦两路货物及乘客转运章程》，代替暂订章程。

尽管两路可以互通车辆，但事实上胶济铁路只能“依赖津浦铁路的好意”。根据《互通货车章程》，胶济铁路的载货货车过轨并到达黄河边卸货后，可以再装运货物至胶济铁路，但前提是津浦铁路负责黄河沿岸运输的车站站长同意。这里存在两方面的障碍：一是胶济铁路不能发送空车至黄河边接货；二是在货运旺季，津浦铁路黄河段车站自然会优先给发往津浦铁路的货物装车，而发往胶济铁路的货物经常被延迟装车甚至无法装车，有时胶济铁路的装车人为争取早些调度和快速办理装车，不得不每车(15吨)额外支付3～4元的好处费，而当装车人是中国人时经常会更高。曾有一周，胶济铁路的30辆载货货车驶到泺口后，全部空车返回。中国的运货人常常被迫租用手推车将货物从泺口运到济南府，每车(15吨)费用约20元。

随着津浦铁路黄河大桥即将建成，山东铁路公司担心大桥建成后，上述不利情况会导致由黄河沿岸经胶济铁路至青岛方向的货运转向天津，这对于胶济铁路运输和青岛殖民地贸易都将造成严重的危害。有鉴于此，山东铁路公司打算修建一条胶济铁路自己的通往泺口黄河边的连轨线。1912年10月，山东铁路公司致函山东都督周自齐①，声明欲建济南府西—泺口支路，称济泺支路属“联络干路之近小岔道”，根据《胶济铁路章程》无需山东省政府批准。为强调该支路建设更有利于中国人，公司指出，“沿胶济铁路两旁，尽属华商，洋商绝少数”，大量中国商人将大豆、谷子等由黄河运至胶济铁路的岞山、潍县、蛤蟆屯等处，但由于缺少从黄河泺口码头至济南的连轨线，他们必须雇用驴车将货物从泺口运至济南西站，其运费比“胶济有济泺支路运价高出三倍”，“再遇雨雪之天，困难尤甚”。所以，出于“体恤华商”的考虑，应修筑此段支路。公司还建议，在泺口堤岸津浦铁路主轨道旁边建一条专门的调车轨道，两路共用，而且不会干扰主轨道运营，既方便又廉价。

与此同时，津浦铁路正打算将其在泺口堤岸的轨道向东延长至小清河，并向西延长至泺口西岸。在泺口和小清河（黄台桥）之间原有一条运盐专用轻便铁路，该路是1905年山东盐运使以鲁盐销路日增而运道不足为由，由山东提官款济平银10万两，聘请德国工程师修建而成，全长10公里，定名清泺铁路，1906年3月动工，同年11月竣工通车。津浦铁路通车后，1912年10月山东都督和盐道台发起修建一条由小清河出发、与津

① 周自齐（1871—1923），山东单县人，1896年赴美留学。历任清政府驻美公使馆参赞，驻纽约、旧金山领事。1911年2月任清华学堂监督，1912年3月任山东都督。1913年以后历任交通部总长、陆军部总长、财政部总长、税务处督办兼中国银行总裁。因支持袁世凯称帝，1916年被列为帝制祸首之一，逃亡日本。1918年，特赦后任财政总长，1922年任国务院总理兼教育总长。

浦铁路相接的轨道，以代替运盐铁路。德国驻济南领事得知消息后，立即建议山东铁路公司将其小清河连轨线在黄台桥与津浦铁路的小清河连轨线相接，从而将济南府东站与泺口连接起来，并共用津浦铁路至泺口西的轨道。这样，铁路公司就省去了修建专用轨道的费用。德国领事的建议立即得到山东铁路公司的赞同，并得以顺利实现。

1913年6月30日，胶济、津浦两路达成《津浦铁路黄台桥至泺口暨泺口码头岔道允认胶济铁路过车条件》。根据该协议，胶济铁路自行出资，将小清河连轨线延长至与津浦铁路黄台桥—泺口岔道连接（图15-1），并共用泺口码头岔道。此后，胶济铁路的所有车辆都能以自己的机车（火车头）在济南府东和泺口岸边之间运行，实现了胶济铁路与黄河的水陆联运，满足了铁路沿线中国商人长久以来的愿望。

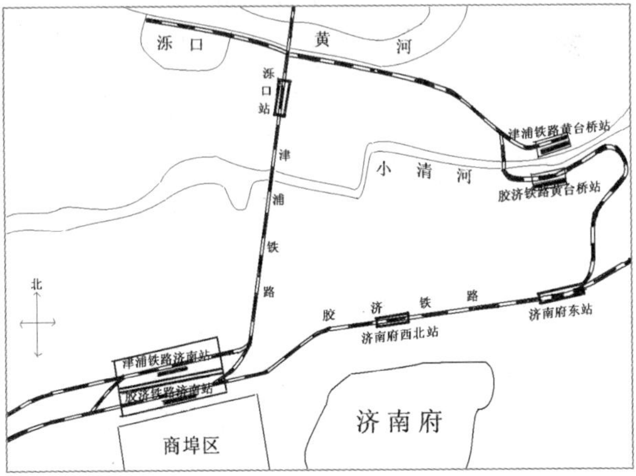

图15-1 泺口码头岔道图

十六、胶济铁路的运营

1.《运输条例》的颁行

1901年胶济铁路青岛—胶州段通车，山东铁路公司参照德国铁路运输条例制定了胶济铁路的《运输条例》。1904年铁路全线通车前，公司根据头三年的运营经验，对1901年的《运输条例》进行了增补，《运输条例》主要包括总则、客运规定和货运规定。其中，客运规定的内容比较有意思，以下逐条列出：

(1)关于车票发售。车票必须用德文和中文写明乘车区间、列车类型、车厢等级及票价；4周岁以下无需专门座位的孩子免票；车票只能在发车前最后半小时或一小时内发售，开车前5分钟不售票。

(2)关于女性隔间。独自乘车的女性应尽可能集中起来安排在一个隔间里。只要二等和三等车内至少有3个隔间，就必须安排至少一个女性隔间。

(3)关于车内环境卫生。乘客车厢内允许吸烟，但每列客车必须有一个不吸烟的一等隔间，女性隔间里也不允许吸烟。污损车厢或损坏窗玻璃都要赔偿。

(4)关于进站、上车。进入候车区、上下站台、上车以及行车中必须按要求出示车票，在行车临近结束或结束后按要求交出车票。无票乘车要支付双倍票价，至少3元。站台票5分，上站台时要出示，离开时要交出。上车和到站时，会响铃和通报。

（5）关于乘客误车和列车延误或取消。若乘客误车，不能要求退票或其他补偿；乘客应立即向站长出示车票，可在当日或次日乘坐其他开往同一目的地的列车。若列车延误，乘客不能要求赔偿；若全部或部分取消行车，乘客有权要回未行驶路段的票价，或者乘坐下一列开往同一目的地的列车。

此外，还对传染病人乘车、行李托运、禁止携带易燃易爆等危险品等作了规定。

货运规定的内容主要包括：①限制或禁止运输的物品；②货运单；③货物的包装；④预订车辆；⑤交付货物；等等。此外，还对运输障碍、交货障碍、货物损失赔偿等方面作了规定。

2. 列车运行

1901年4月青岛—胶州段通车之初，由于客运和货运尚不发达，列车并非每日往返行驶，而是双日由青岛驶向胶州，单日反向行驶。不久，每天有1列列车往返行驶。1903年4月青州府通车后，增加2对专门运输货物和建筑材料的区间车；当时每列车通常由1辆二等客车、1辆三等客车、4～5辆封闭货车和1辆邮政兼行李车组成。1903年9月起，又增加2对区间车。1904年6月全线通车后，每天有14列列车运行，其中干线上1列客车在青岛—济南府西之间往返行驶，4列货车专门在高密—青岛、高密—潍县、张店—坊子和张店—济南府西4个区间段往返行驶，支线上2列列车在张店—博山之间往返行驶。1905年，高密—济南府、青岛—济南府和青岛—坊子3个区间段加开日用消费品列车。1907年，博山—张店段也增加了日用消费品列车。1908年9月，青岛—济南府西加开1列往返行驶的快速客车，该车只在大站停车。1913年，每天行驶2列客车、16列混合车和13列货车。

根据一份1904年11月的列车时刻表，客车早上7点整从青岛出发，中午12点45分到潍县，下午3点59分到张店，晚上7点50分到达终点站济南府西；共运行12小时50分钟，平均时速约32公里。大站如胶州、高密、坊子、潍县、青州府、张店和周村等，停车时间为15～20分钟，中小车站停车1～5分钟，停车点不停留（只有区间车在停车点停留）。又根据1914年6月的列车时刻表，快车上午8点30分从青岛出发，下午5点50分到达济南府西；共运行9小时20分钟，平均时速约44公里，比1904年提高了12公里。

3. 车站管理

为防止事故和不法行为发生，按《运输条例》规定，必须持有车票或站台票才可以在站台通行，车站有警察负责维持秩序。一位德国人描述了乘客在潍县车站候车的情景（图16-1）：

“乘客们背着行李，一个挨一个地站在站台上。水果商和餐饭商大声地叫卖，警察不得不使劲地让人们远离轨道。”

图16-1　火车到站时的站台情景

通常情况下，站长承担了车站管理的大部分工作。下面一段文字记录了城阳车站站长的工作情景（图16-2）：

“我们看了车站办公室。站长非常忙碌，除了卖票，还要操作电报机，并在本子上做简要记录。一位商人发送了三大篮行李，另一位打听往周村发送一整车鱼的运费。这时收到一封电报：‘11次列车由女姑口出发。’站长登上站台，审视着进站道岔。他让车站上的苦力用喇叭朝东吹出一个拖长的信号。那里有一位扳道工正在进站道岔旁待命。列车呼啸而来，带来的基本上只有乘客，他们从即墨到青岛采购了。停留5分钟！这是必要的，因为很多包的鱼勉强装完，时间就到了。站长用德语喊：‘出发（Abfahren）！’他使劲太大，以至于‘r’音嘎啦作响。周围的中国人笑了，我们也笑了……列车离开后，站长又去了货物仓库和商业街，鱼在那里装货，从济南府来的大豆在那里卸货。”

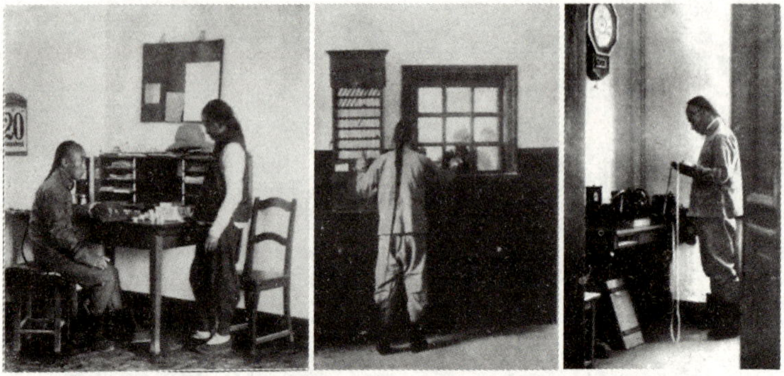

图16-2　城阳站长工作情景——汇总日收入（左）、在售票（中）、在电报机旁（右）

4. 客运发展

自1901年4月胶州通车以后，胶济铁路客运稳定发展；尤其在1902年6月潍县通车后，客运增长更为显著。相比以往旅途的漫长而辛苦，乘坐铁路客车出行快捷又舒适，人们接受铁路作为旅行工具要比接受铁路作为货运工具更快。据统计，从1905年至1913年，客运量增长了64%，客运收入增长了78%；人均乘车里程变化不大，1904年为66.92公里，1909年达到峰值78.99公里，1913年回落至67.02公里，可见客运始终以短途运输为主。

胶济铁路客车分为三个等级，一等车只能欧洲人乘坐；二等车为欧洲人和上层中国人乘坐；三等车为普通中国人乘坐。但在1903年以前，乘坐铁路客车的几乎都是中国人，每有1 000名中国乘客才有1名欧洲乘客，所以铁路公司不愿为车上极少数欧洲乘客安排专门的车厢或车厢分隔间。只是当铁路全线通车以后，一等和二等车的客运量才有了显著增长。客票价格，以青岛—胶州段（74公里）为例，一等票价2.6元，约合大钱6 760文；二等票价1.3元，约合大钱3 380文；三等票价580文，由此可算出一、二、三等票价之比约为11.6∶5.8∶1。当时，1斤小麦价值100文，1斤大米140文，山东矿务公司中国矿工一天的工钱为250文。按此计算，一个普通中国人乘胶济铁路三等车从青岛至胶州，要花掉6斤小麦或4斤多大米的价钱，或一名矿工2天多的工钱。

5. 货运发展

胶济铁路货运量起初很少，直到1901年9月高密通车以后才有所增长。胶济铁路货运收入在总收入中的比重，在头三年里均低于客运收入，直到1904年货运收入首次超过客运收入，并占到总收入的64.14%。此后，货运收入的比重始终维持在此水平以上。

胶济铁路运输的大宗货物，主要有三大类：首先是煤炭；其次是农产品和手工业产品，如大豆、油、棉花、水果和坚果、蚕茧和丝绸、陶瓷、草帽辫等；再次是工业产品，如石油、金属和机器、木材和木器、棉制品、石灰、糖、纸张、火柴、水泥等。其中，煤炭的运输量始终高居榜首，并占到货运总量的50%以上。根据统计分析，煤炭等矿产品运输比重较高的铁路通常很赚钱。胶济铁路所运输的农产品和手工业产品大部分经青岛出口到海外或其他中国沿海地区，工业产品则基本为进口产品。

牲畜运输在此期间也有较大增长。在山东，传统运送牲畜的办法就是驱赶。铁路开通后，人们并没有很快抛弃传统的驱赶运送牲畜的方法。1904年，胶济铁路只运送了298头大牲畜和5头小牲畜，平均每天运送不到1头。铁路公司为了把牲畜运输吸引到铁路上，降低了运输费，于是在随后几年，铁路运输的牲畜数量成倍增加。1908年运送大牲畜19 428头，小牲畜20 136头，总数量比1904年增长了13倍。1907年，亨宝轮船公司开辟了每月一次的香港—青岛—长崎—海参崴定期航班，1908年山东向海参崴输送了2 081头牛和565头羊。

6. 铁路总体效益

1905—1913年，胶济铁路的纯收入从1 001 914.11元增长至2 938 470.26元，增长了近2倍。收入－年份曲线图可以更清楚地反映铁路运营收入的变化趋势。从图16-3中可见，客运收入、货运收入、总营业收入和纯收入总体上都呈上升趋势；客运收入增长较为缓慢，货运收入、总收入和纯收入增长较为显著。1911和1913年，铁路效益出现了小幅下降，其原因主要有：1911年虫灾导致庄稼歉收，粮食运输减少；洪水又造成铁路运营多次中断；辛亥革命的爆发引起社会动荡不安；又随着1912年11月津浦铁路建成通车，集中于济南的部分货物改走天津，这些都影响了胶济铁路的效益。

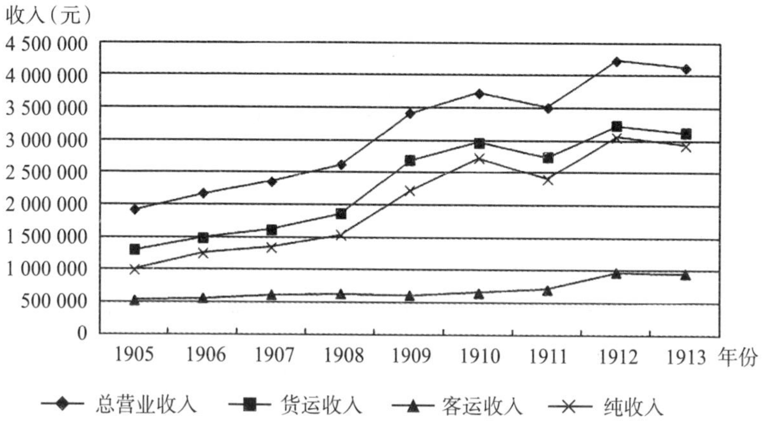

图16-3　胶济铁路收入－年份曲线图

十七、黄中慧事件

胶澳殖民地时期，进化论和生物学的种族话语在德国广为流行，成为德国人论述中国的主导因素，中国人被看作是“人种低级”和“价值低下”的。德国海军建筑顾问博克曼写道：“出于健康的原因，必须把欧洲居民与中国居民尽可能地分隔开来。”1900年6月，胶澳殖民当局颁布《德属之境分为内外两界章程》，规定青岛南部海滨一带市区属西人居住地，严禁中国人在此建住房；中国人除非是作为西人的仆役或职工，否则不得在此居住。中国人被迁到大鲍岛、台东镇和台西镇集中居住。

胶济铁路客车等级的规定正是这种殖民统治下严格的等级观念和种族隔离制度的反映。前面提到，胶济铁路客车分为三等，一等为欧洲人专享；二等为欧洲人和上层中国人乘坐；三等则为普通中国人乘坐。这种按人种划分客车等级的做法，带有明显的种族歧视意味。1907年，近代著名小说家包天笑[①]

① 包天笑（1876—1973），初名清柱，又名公毅，字朗孙，号包山，笔名天笑、钏影、钏影楼、拈花等，江苏苏州人。中国近代小说家、翻译家、报人，著作等身。

应青州知府曹允源的聘请到青州府当中学堂监督（即中学校长），他由上海乘船到青岛，再从青岛乘胶济铁路客车到青州府。他在青岛听悦来公司（详见本书下文的第二十部分）的人说，中国人很少坐头等车，“总是外国人居多，不过他们也没有规定不许中国人乘坐”。包天笑上车后看到头等车里坐的都是外国人。

1905年，胶济铁路上发生的黄中慧事件正是一起因乘车等级而引发的冲突事件。那年4月30日，道台黄中慧乘坐头等车去青岛。列车行至高密站时，站长奥力虚见黄中慧身着洋装而把他错当成日本侦探，对他态度恶劣。彼时有三名德国军官和律师携家眷，持头等车票上车。奥力虚命令黄中慧把座位让给德国人，黄中慧用英语据理争辩，结果被拽下车。同车之人告诉站长，黄中慧是中国监司大员，不能如此对待。站长这才知道做错了，于是请黄中慧上车。黄中慧不肯，在高密站停留。等他到达青岛后，锡乐巴亲自到他住的旅馆慰问。事后，锡乐巴还向黄中慧致函道歉，称黄道台在高密站“所遇不便”是由于站长奥力虚“尽职太过”引起，已撤销了该站长职务。黄中慧对锡乐巴的轻描淡写大为不满，他强调说他并无过失却被逐出车外，并交士兵看管被剥夺人身自由，铁路公司却只称其为“不便”，称该站长“尽职太过”，由此可推断铁路公司“虐待华人已视为成例”，“若不将此等妄为之事从此杜绝”，则德国的名誉尤其是铁路公司的名声将“从此败坏殆尽”；将来如果外国人受到中国人的无礼对待，皆不应向中国官员申诉，因为“此等恶行实由汝辈首开其端故也”。

黄中慧是一位有影响的改革派人物，与中文、日文及英文报纸有密切联系，于是上海和青岛报纸都登载了这一新闻。这起事件正值中国收回利权运动时期，在当时激起了反德情绪。报上称，中国人不再处于德国占领之初的那种卑躬屈膝的地位了，所谓的“黄种人”获得了自信，不能再由外国人做主——特别是在铁路问题上。德国公使穆默表达了对此事的不满：

“中国人中流行的这种情绪很典型，每一件微不足道的、以前都不会引起注意的事件，现在都被夸大成了不寻常的事情，并对外国尤其是德国进行漫无边际的攻击。”

此后，铁路公司在接待重要的中国客人时，做出了一些改变。1907年山东巡抚杨士骧访问青岛，铁路公司为杨士骧及其随从安排了专列，包括1辆豪华车、1辆公务车、1辆一等兼二等车、1辆二等车、1辆三等车、1辆行李车和1辆餐车，费用高达3 000元，当然这笔钱由山东巡抚衙门负担。1908年4月底，孔子后代孔令怡到青岛访问一所中国学校，回济南时乘坐了胶济铁路客车，铁路公司为其安排了豪华车并有专人陪同。

胶济铁路的三等客车最初也有座位，但运营一段时间后，铁路公司认为三等车的成本太高，因而将棚货车改装成三等车，车厢内没有座位，乘客就坐在地板上。《德文新报》编辑芬克曾做过这样的描述：

“大多数中国人不使用二等车和三等车，他们满足于四等车（胶济铁路的三等车相当于德国的四等车——本书作者注），这就是以上提到的货车。中国人喜欢把行李同买来的商品或要带到市场上的货物随身带到车上以便看管，他不相信他的东西可以很放心地交给行李车，而他自己去乘三等车。他将箱子和行李包拖到货车里，然后自己再登上车。他们非常快地适应了这种运输方式。当火车进站时，早有一群乘客耐心地等在那里了。他们中最早的经常在黎明时就能遇到，从来不会有中国人在最后一分钟跑来。他们有的是时间。上下车只用很少的几分钟，没有混乱或争执，没有人询问或叫喊，就像我们习惯于国内铁路那样。”

同芬克的说法类似，铁路公司在其报告中也称改装的货车“更符合大众的习惯”。包天笑对胶济铁路的客车也做了一段有趣的记载：

“我们到了车上，我看了看头等车，颇为华丽，每间可坐六人，另有玻璃窗可以关住。二等车也还好，是长条的皮椅，亦甚清洁。但三等车便不堪了，三等车并无座位，所有旅客，都坐在地上，行李杂沓。有的便坐在行李上，乡下人的鱼肉菜蔬，也杂乱地放在那里，腥臭难闻，那是别处铁路的火车上，从未有的。”

铁路公司本来是出于成本考虑，将棚货车改装成三等客车，中国人则充分利用了三等车的特点，将货物随身携带，结果行李车经常是空的。

十八、胶济铁路与国际铁路联运

表18-1是一份1914年夏的柏林—青岛国际铁路联运时刻表（表中最右一列为返程时刻），从柏林至青岛的乘车安排如下：乘客周二7点52分在柏林西里西亚车站乘坐北方快车L11，周三晚到达莫斯科，当晚23点30分在莫斯科库尔斯克站换乘西伯利亚快车，8天后到达中东铁路的哈尔滨站和长春站，然后换乘南满铁路列车至沈阳，接着乘坐华北铁路（即山海关内外铁路）列车于周六晚18点27分到达天津东站，19点30分乘津浦铁路列车于周日早上4点到达济南府，然后周日5点28分在济南府西乘直达列车，于14点20分到达青岛。这样从柏林出发，到达青岛共需12天半。当时轮船从意大利那不勒斯航行至中国青岛需33天。

表18-1　1914年夏柏林—青岛国际铁路联运时刻表（包括7.5小时的时差）

第1天	0（公里）	07:52出发	柏林西里西亚站 CET	到达22:38
	627	19:05到达	华沙维纳站	出发12:22
	644	20:20出发	华沙布雷斯特站	到达11:00
第2天	1 950	20:25到达	莫斯科亚历山大站	出发10:15
		21:05到达	莫斯科库尔斯克站	出发06:50
		23:30出发	莫斯科库尔斯克站（西伯利亚快车）	到达06:40
第11天	9 921	02:00到达	哈尔滨 EET	出发10:30
		03:45出发	（中东铁路）	到达08:35
		16:30到达	长春 EET+5小时25分	出发09:00
		17:45出发	（南满铁路）	到达07:10
	10 467	23:45到达	沈阳	出发22:50
第12天		00:01出发	（华北铁路）	到达21:00
	11 172	18:27到达	天津东	出发01:25
		19:30出发	（津浦铁路）	到达22:55
第13天	11 527	03:59到达	济南府西	出发15:12
		05:28出发	胶济铁路	到达14:15
	11 922	14:20到达	青岛 EET+6小时25分	出发05:30

注：CET=欧洲中部时间，EET=欧洲东部时间。

十九、胶济铁路与国际航运联运

1. 青岛港建设与发展概述

德国人从占领青岛之初就认识到，青岛的繁荣基于两个重要前提：“一是通过现代化的大型港口设施促进航运的发展；二是对广阔的内地，尤其是通过铁路对内地重要经济地区的开拓。”所以，德国人发展青岛的途径就是港口建设与铁路建设同时并举。

青岛港口建筑分大港、小港和船渠港。大港是筑港工程的主体部分，海底疏浚便是一项艰巨的任务。1898年10月开始修筑环形防波堤，主要用来防风。1899年春开始修建码头，1904年3月一号码头北区对外开放，之后又建成二、四、五号码头（三号码头1932年开始建设），海港还建有大型货物仓库，配备了起重机械、照明装置等一切最新式的港口设施，可直通远洋轮船，全部工程直到1907、1908年之交才竣工。小港原先是为修建大港所需的运输工具、驳船和挖泥船而专门设立的海上营救港，也被用作东南季风时胶州湾内泊地的临时装卸港。胶济铁路建设初期，也利用小港卸货。在大港一号码头建成并投入使用后，小港主要服务于小型船只和民船。船渠港在小港之北、大港之南，为停泊小汽船、浮船和浚渫船之所，是为修筑大港服务的工作港。整个建设期内，筑港费用不断追加，最后高达5 383万马克，占德国对青岛总投资的25.6%，居各项投资之首。

大港和小港都敷设了轨道与胶济铁路相连。1900年以后，山东铁路公司与德国海军部举行多次谈判，达成协议，由铁路公司在海港地区铺设轨道，并在大港运煤堤道上安装运煤设施。1904年，大港一号码头北区开放，在一号码头起始处的对面建了一个客运站，以方便海港与青岛和内地的交通。大港码头车站的货物由专门的列车运输。通往北区的连轨线由总督府出资修建，港口地区和码头的轨道也由总督府购买，港口货运掌握在总督府手中。后来总督府就港口铁路的运营和维护与铁路公司签订专门的合同，规定港口铁路由铁路公司租赁经营，由总督府统一管理，协调各方面利益。1911年，与北区连轨线相连的青岛新港口车站完工，定名为“防波堤车站”。港口与铁路相连，实现了海陆联运，既方便了货物的运输，同时也扩大了港口的吞吐能力。

青岛港在当时被认为是东亚最好的港口。在诸多老牌的海上贸易中心，如香港、上海、芝罘、天津、长崎和神户，大轮船的装卸也必须借助舢板才行，而在青岛，即使最大的货轮也可以在码头上将货物直接装上火车。海岸形状以及符合各种要求的航道灯标和其他标志，可使船舶在任何天气、任何季节以及每天的任何时候都能进港，而且船舶可以找到一个免受风暴袭击的地方，从而避免了时间的损失和装卸中的货物损失。

随着港口贸易的发展，青岛港成了沿海航船的定期停泊点。开埠之初，捷成洋行在德国政府资助下开辟了上海—青岛—芝罘—天津航线，每4～6天往返一次，并在上海与德国等欧洲国家的航班相衔接。英国太古洋行和俄国东方航运公司也有船行驶到青岛。1901年，亨宝轮船公司买断捷成洋行的上海—青岛—芝罘—天津航线，另增开每周一次上海—青岛往返航班。1903年，亨宝轮船公司与北德劳埃德航运公司每月定期联合派一艘大型货轮由欧洲驶来青岛，捷成洋行又开辟了香港—青岛—芝罘—牛庄航线。此外，英国怡和轮船公司开通了上海—青岛航线，日本大阪轮船公司在日本政府资助下定期航行于日本和青岛之间。1904年，亨宝轮船公司每月定期由德国派出一艘大型货轮来青岛，由青岛至德国的运费与其他中国口岸相同，而由德国至青岛的运费则低于至其他中国口岸；1905年又开通了每两周往返一次的青岛—神户定期航班，1907年开通每月定期的香港—青岛—长崎—海参崴航线。1908年，中国轮船招商局开辟青岛—上海航线。1909年，北德劳埃德公司的轮船每月定期往返青岛一次。远洋航线的开通，大大加强了青岛与国内外港口的联系。

2. 胶济铁路与亨宝航运公司的联运

在胶澳总督府和海军部的推动下，德国最大的轮船公司亨宝公司依靠政府资助，最早开辟了德国至青岛的直达航线。1904年，该公司不仅每月定期由德国派出一艘巨型货轮到青岛，而且还开辟了青岛与日本之间的定期往来航线。

1904年胶济铁路全线通车后，山东铁路公司希望能与亨宝公司建立由胶济铁路各站至欧美和中国沿海地区的直达运输。尽管铁路公司许给亨宝公司货运垄断权，但亨宝公司始终没有接受，因为他们认为实行联运很麻烦，不值得。后来，铁路公司又向英国怡和洋行询问联运事宜，该公司同样没有答应。主要原因在于，联运对于贸易公司而言没有多大意义，特别是对于设在济南的贸易公司，它们在青岛几乎都有总公司，所以其货物由青岛发往欧洲都没有困难，而且它们也愿意在青岛先验一下货再发往欧洲。在内地的公司也不愿意直接接受一个指定的航运公司开出的运费，而是希望利用航运公司之间的竞争，争取尽可能低的运费。

1911年随着津浦铁路建成通车，胶济铁路与航运公司的联运显得日益重要。青岛与天津同为北方港口，又都有铁路通向济南，都想争夺以济南为中心的腹地。青岛的优势在于，有一流的港口和码头，而且为不冻港，全年都可以装船发货；而天津在冬季几个月中不能进行大宗货物的出口，或改由秦皇岛发货，或转走胶济铁路至青岛出口，即使在夏天，轮船在大沽港装货也很麻烦、费时而且昂贵。因此，航运公司都不希望从日本开来的轮船经天津绕路，因为这样有时间损失。所以，青岛充分利用港口优势，建立由胶济铁路沿线地区至欧美及中国东部沿海地区的货物联运，对胶济铁路和青岛都具有重要意义。为此，铁路公司与亨宝公司又经过多次协商，终于在1912年9月达成联运协议，建立由胶济铁路各站到中国沿海及欧美常规目的港的往返货物联运。

1913年，亨宝轮船公司每周两次往来青岛与德国之间。由于时间上较有保证，而且由青岛至德国的运费也不比由其他港口至德国的运费贵，所以很多原来经天津、芝罘和营口出口的货物转由胶济铁路运至青岛出口。在客运方面，山东铁路公司自1912年7月起，调整了快车运行时间，以方便在大港车站下车的旅客赶上驶往上海的航班。1914年，从日本到北京的乘客，可以先乘坐劳埃德公司的横滨—青岛航线，然后在青岛乘胶济铁路客车到济南府，再从那里换乘津浦铁路客车到北京。

二十、胶济铁路对山东社会的影响

1. 对交通运输业和商业的影响

胶济铁路建成后，成为山东省一条横贯东西的交通大动脉，原有的交通运输格局发生改变，很多货物直接或间接地被铁路所吸收，铁路成为省内最重要的运输通道。胶济铁路对其他运输通道的影响需要区别对待，具体分析。河运方面，流经山东西部的大运河早在建铁路之前已经由于淤塞而衰落，胶济、津浦两路的建成通车显然对运河运输构成有力竞争，并加速了河运的衰落。小清河流域原属烟台的贸易地区开始转向青岛，小清河被吸纳进胶济铁路运输体系。黄河则以其所拥有的广阔腹地与胶济铁路形成互为有利的影响。海运方面，原来以烟台为中心的民船贸易受到了部分影响，然而烟台仍不失为山东一个重要的贸易港口。陆路方面，烟潍商路受胶济铁路的影响较大，无论从运输费用还是从运输效率方面来看，潍县到烟台的传统陆路运输都比不上潍县到青岛的铁路运输。总之，胶济铁路通过对其他运输方式的吸纳或排挤，对山东原有的交通运输方式进行了重组，形成了以它为中心的交通运输格局。以下通过两个典型例子，来说明胶济铁路对山东交通运输业和商业的影响。

(1)货流的改变——以草帽辫为例:

胶济铁路通车后，原来很多运往烟台出口的土货改由铁路运往青岛出口，其中最典型的例子是草帽辫。草帽辫又名草辫，为制造草帽之原料，由麦秆编制而成。山东草辫业始于19世纪中叶，一说为法国传教士传授，一说为上海英商传授。草帽辫制造较为简易，在山东农村妇孺中尤其盛行。早在19世纪60年代，莱州府沙河镇的“大中和”辫庄通过烟台赫德洋行买办向日本出口草帽辫，并在烟台开办了第一个辫子庄，后来又在山东平度、昌邑和河南、安徽、直隶等地设立分庄，每年出口都在万箱以上。受其影响，沙河镇一带的大地主纷纷效仿。英国传教士韦廉臣[①]在19世纪70年代曾记载，草帽辫为莱州府的主要出口产品，集中于沙河镇出售，在纽约市场很受欢迎。在草辫业盛行的莱州府所属的昌邑、平度、寿光以及掖县的沙河镇，所产草帽辫悉集于沙河镇，由沙河镇辫庄分选定级，经烟潍商路运往烟台出口，或经距沙河镇15公里的虎头崖由民船运抵烟台。那时烟台是国内最大的草帽辫输出港，每年出口草帽辫约4万担，总值约150万两海关银。

青岛开埠初期，德国商人主要从事的就是草帽辫出口生意，但那时青岛出口量很小，1900年只有1 870担，1901年为3 435担。胶济铁路通车后，沙河辫庄开始向青岛发展，草帽

① 韦廉臣，英国苏格兰人。1855年受伦敦布道会派遣来华，在上海传教，后任益智书会秘书。1887年在上海成立同文书会（后改名广学会）。1890年逝世于上海。

辫逐渐由烟台转至青岛输出。这是由于从沙河镇到胶济铁路潍县车站只要一天路程，再由潍县到青岛只需几小时，而从沙河镇到烟台需4天的陆地路程，且“对于草辫之运往欧洲者，亨宝公司不收青岛至上海之运费”。于是，不仅济南、莱州、青州、沂州等地的草帽辫悉数运抵青岛，而且山西、河南以及河北、天津等地的大宗草帽辫也经由铁路运抵青岛出口。胶济铁路通车当年，青岛草帽辫出口陡增至25 383担，超过烟台，第二年达到4万余担，占全国草帽辫出口的一半以上。1910年，中国草帽辫出口总价值约2 200万马克，其中从青岛出口的约占80%，为1 760万马克。

（2）转运业的兴起——以悦来公司为例：

随着铁路沿线物流的集中，在各个车站周围兴起了商业中心，出现了银行、商店、旅馆、仓库、运输公司、饭店等。在远离车站的地方，铁路周边新公路上的商业活动也加快了。至1906年，济南东站新建40家中国商号、货栈和煤栈，张店站新建24家，淄川站新建28家，博山站新建10家，潍县站新建12家，岞山站新建32家，其他绝大多数小车站也都各建有1～5家货栈和煤栈。

这些货栈和煤栈都是由提供铁路运输中介服务的转运公司所设。经营转运业务的公司一般代客向铁路接洽车辆、装运货物，一般都设有货栈。那时转运业中实力最大的要属悦来公司。悦来公司由宁波商人丁敬臣①与山东商人及山东官员共同

① 丁敬臣，中国早期实业家，曾任三江会馆的会长。

组建，总部设在青岛，1901年青岛—胶州段通车的同时开始运营。该公司是在胶济铁路管理层的倡议下建立的。由于胶济铁路是山东省的第一条铁路，山东人对铁路很陌生，因而铁路公司担心，让中国人利用铁路运输可能比较困难；加上中国人对新事物比较排斥，会倾向于避开铁路运输，尽管手推车运输很不方便，中国人还是愿意使用这一古老的运输方式。铁路公司还担心，由于一些中国人反对铁路，也会导致对这一交通工具的需求太少。因此，悦来公司的任务就是“不让这些可能的障碍发展起来”。

悦来公司在胶济铁路所有重要车站附近都建立了分公司，每家分公司按业务规模设大小不等的仓库和客房区。1901年，他们首先在青岛站旁边按欧式建筑风格建了一座大饭店，同年在胶州设分公司。1902年在潍县、青州府和周村各建了贸易公司、仓库和带有储藏站及马厩的旅馆。1903和1904年在济南府东站和西站各建了两层高的商业大楼。同时，公司在淄川、博山和其他小站设代理机构和人员。1904年6月胶济铁路全线通车时，悦来公司能为其顾客联系沿线的各种业务。1911年3月，济南商埠商务分会成立后，悦来公司经理胡仁普被选为第一任会长，这也表明转运业在商埠商业中的地位之重。

举一个例子来说明悦来公司的货运中介业务运作方式。比如，胶州商人刘某要给在潍县的客户王某发送一车纸，那么悦来公司会告诉他，铁路运费是40元，如果再加8元，就可以将货物从刘某的住处运到铁路上，他什么都不用操心，这样运费一共是48元。然后悦来公司在胶州车站订一辆车，取来纸，装车并代填货运单。第二天纸运达潍县，悦来公司将纸接到仓库，然后发给接收人王某，由王某自己支付该段运费。为扩大市场，悦来公司向内地派出很多业务代表，这促进了铁路运输的兴盛，这也正是铁路当局最初的设想。

客运中介业务与此类似。比如，胶州知州要带他的班子去济南府，他需提前通知悦来公司。公司立刻为筹备此次旅行派业务代表到胶州县衙，统计旅行人数和乘车等级，并登记行李，然后把列车时刻表交给知州，请他按时到悦来公司的营业厅候车，因为悦来公司就在车站旁。发车前，公司请知州上车，随行人员也都持票上车。在目的地济南府，公司的业务代表会在列车到达时在站台待命，听候知州差遣。到月底或年底，知州会收到一份专门账单。

悦来公司还提供商业咨询等很多其他服务。比如，某商人乘火车去青岛采购，为其提供服务的悦来公司会安排一位全天候业务代表在沧口登上同一列驶往青岛的火车，在去青岛的途中，业务代表为这位商人预订住处并向其介绍青岛的情况。本书上文的第十七部分提到的包天笑1907年从上海乘船到达青岛以后，就住在悦来公司的旅馆里，他还委托悦来公司购买去青州府的火车票。

在胶济铁路全线通车后不到两年时间里，青岛火车站旁又建了很多小公司、商店和旅馆，后来也有许多其他运输公司在几个大站开了分公司。但1912年前后，这些公司的业务量有所下降，因为运货人逐渐学会了自己直接联系铁路运输，这样就节省了付给运输公司的业务中介费。

2. 对农业的影响

山东农业发展虽然历史悠久，但由于人口众多、运输落后等原因，农产品的商品化程度并不高。陆地运输的高成本阻碍了低价值、大体积农产品的长距离商业流动。胶济铁路通车后，一些国内外市场需求量较大的农产品的商品化程度迅速提高，出现经济作物的广泛种植。下面以花生和烟草为例来说明。

(1)花生：

山东花生种植始于清嘉庆初年，道光年间逐渐传至鲁东地区。当时山东各地种植的花生品种为小粒花生，其特点是产量低，适种性差，这在很大程度上限制了种植规模和种植范围的扩大。19世纪60年代，美国长老会传教士梅里士在平度教人试种美国大花生，收成颇佳。由于该品种花生产量高、品质优，到1900年前后已在不少地方种植推广，但总的种植面积不大。1904年，济南设立山东农桑总会，部分州县设立农桑分会，推广种植大花生。

花生含油量高达40%～60%，在欧洲很受重视，是橄榄油的一种廉价替代品。1908年，德商首次从青岛出口花生到欧洲，此后德、日洋行在山东大量收购花生并出口。津浦铁路修通后，黄河以南和运河沿岸地区出产的花生，经津浦和胶济路汇集于青岛，而河南、山西等省出产的花生则经黄河水运，在泺口中转后，经胶济铁路运抵青岛。1913年，青岛花生出口达102.5万担(1903年只有28 771担)，占全国出口总量的45%，出口值达511万两海关银。

同时，由于种植花生的利润很高，某些产区的花生种植出现了排挤其他作物的倾向。在山东章丘和济阳两地，花生种植面积在耕地面积中所占比例，分别从1900年的0.1%和0.2%迅猛增长至1915年的35%和15%，而且这两地所生产的花生几乎全部用于出口。

（2）烟草：

烟草约在明代晚期传入山东，到了清代，形成了以安丘、昌邑、昌乐和潍县为中心的产烟区。当时种植的土种烟叶仅供旱烟之用，这种土烟叶小，再加上焙干工艺不够优良，行销范围狭窄。1913年，英美烟公司在潍县坊子试种美国烟草。起初，农民们持观望态度，不敢贸然下种，于是公司无偿贷发种子，并答应收获后高价收购。第一年试种成绩良好，农民们得到好价钱，于是纷纷改种烟草。1915年，公司再次在坊子一带分发美烟种1万余包，由农户自行试种，同时公司还派出技师，到各村传授种植和烘制的方法，且加以资助。收获后，再由公司以较高的价格购买。公司还贷发肥料款、烤烟铁管及温度计，吸引来更多农户，结果美烟种植面积逐渐扩大。1915—1916年英美烟公司将美烟种植推广至安丘，1918—1919年推广至临朐、昌乐，又向西至益都。一战期间，由于美烟价格飞涨，美烟种植得到大力发展。在很多地方，美烟取代了土烟。1917年，英美烟公司在坊子二十里堡设立干燥工场，其制成品运往欧洲。

1917年，东亚烟草公司、南洋兄弟烟草公司、山东烟草商会、南信洋行等陆续收购山东烟草，由于各方竞购，价格飞涨，美国烟草的种植日益兴盛。1919年，南洋兄弟烟草公司效仿英美烟公司的做法，以青州为中心大面积推广美烟种植。此后，美烟种植区沿胶济铁路向西扩展，达于辛店、临淄等地。在若干传统产烟区，美烟已基本取代土烟，成为当地种植的主要烟草品种。20世纪二三十年代，国内卷烟工业的日趋发展和洋烟进口税的提高，刺激了烟草种植业的进一步发展。山东全省烟草种植面积，1914年仅5.9万亩（1亩≈667平方米），1915年猛增至16.8万亩，1933年又飙升至71.9万亩，仅次于四川，居全国第二位。胶济铁路沿线一带发展成为山东美烟种植最广的地区，烟田面积最大的县依次为临朐、潍县、临淄和青州。各地烟叶收获后，都是先集中于胶济铁路沿线各站，在这些车站附近的集市上，多有各大烟草公司设庄坐收。烟叶收集后，大部分向东集于青岛，以待转运出口；小部分向西聚于济南，或销本埠各烟厂，或输往天津、上海。

随着烟草种植的发展，烟草开始与粮食作物争地。最先引进美烟的坊子附近地区，原先的小麦田几乎全部变成了烟草栽培地。据1934年的有关调查，临淄烟产区的美烟产值已超过小麦、谷子和高粱等传统粮食作物；在潍县和益都，烟产区的烟草产值也几乎与小麦的产值相当。美烟种植区西达胶济路辛店，东至黄旗堡，长约400里（1里 =0.5公里），沿铁路两旁百里以内，农民恃种烟者近百万人，年产值千万元。

总之，花生、烟草等经济作物，量少值昂，比粮食作物更能负担运输成本，经济作物的推广有利于农民收入的增加。

3. 对工矿业的影响

青岛开埠和胶济铁路通车以后，大量外国资本进入山东，在此刺激之下，官绅商各界把投资兴趣逐渐转移到现代工业方面。下面以博山地区在工矿业方面的发展为例来说明。

山东陶瓷业起源于宋代，主要集中在博山。博山煤矿开采后，在煤层下发现品质优良的黏土，极合于制陶瓷之用，博山遂成为山东陶瓷业中心。清代博山陶瓷业兴盛，产品物美价廉，远销关外及黄河流域各省。过去博山陶瓷业多属家庭工业。胶济铁路通车后，由于运输便利，刺激了陶瓷生产。1905年，山东工艺局局长黄华委托济南古董商王子久，在博山创办全省第一个官办窑厂，称博山陶瓷工艺传习所。传习所在当地招聘能工巧匠，又从江西景德镇聘请多名制瓷工人到博山传艺，半沿土法，半用新法，制品颇为精致，博山从此掌握了利用当地原料生产日用细瓷的工艺。1914年因亏损改为商办，不久停产，原有工人则散布于各处组织小规模窑业，继续发展。据统计，1904—1912年胶济铁路陶瓷运输量从2 727吨上升至8 740吨，翻了两番，陶瓷成为胶济铁路运输的最重要工业产品之一。

除了陶瓷业，山东矿业也在胶济铁路通车后快速发展起来。山东矿藏丰富，尤其是煤矿，约1/4的州县储煤。元代已开始在此采煤。直到清末，采煤方法仍很古老，主要靠人工挖矿。由于缺少抽水机，一旦大量出水就只能放弃。自德国人在博山和淄川开矿后，越来越多的中国煤矿用简单机器开采。

在胶济铁路通车后，煤炭的运输变得便利，使山东煤矿业日益兴旺。位于胶济铁路张博支线上的淄川与博山煤矿是山东煤矿业的中心点，煤炭储量约占全省的78%。清末民初，淄川地区小煤井遍地，1917年时淄川已有矿场80家。博山的中国矿井年产煤在20万吨左右。不过这些煤矿除了使用水泵以外，采煤方法仍然很原始。

4. 山东贸易中心的转换

济南位于山东省中部，为黄河、小清河的水运码头，同时又距大运河较近，且处在北京至南京的官马大道上，商业往来较为活跃。但直到19世纪中叶，济南还只是作为一省政治文化中心的消费型城市，以军事和行政为主要职能，商品流通仅限于城市周边，很少有大宗商品的集散，与国外市场几乎没有联系，与外省市场的联系也十分有限。随着胶济铁路通车、济南开埠及津浦铁路开通，济南成为连接省内主要水陆商路的重要枢纽，市场地位和功能得到极大提升，“渐次侵入周村、潍县等地之商业范围，与天津、汉口、上海等大商业都市发生密切之关系，而成华北最重要的商业都市之一”。山东西部及山西、河南等省的出口土货先集于济南，再运集青岛，所以济南成为鲁晋豫三省出口土货最初集中市场，青岛则为输出港。外国进口商品若要运到中国中部，则要先集于青岛而后集于济南，故济南为中部洋货散布之商埠。1913年，济南商会入会商号总数达1 800余家。外国洋行也纷纷在济南开设分公司。

青岛开埠以前，烟台是山东省对外贸易中心，它是根据清政府在第二次鸦片战争后被迫签订的《天津条约》增开的商埠之一。烟台居山东半岛北部，湾广水深，出入渤海船只必碇泊于此，为渤海沿岸的贸易集散中心，也是山东与东南沿海和东北地区交往的通道。虽然山东的西北部受天津港、西南部受镇江港的影响，但对山东经济起主要作用的还是烟台港。后来，“胶济路通而分其一部分东走青岛，津浦路通又分其一部分北走天津……青岛日盛，烟台日衰”。由于缺少通往内地市场的铁路和现代化港口，烟台在激烈的竞争中逐渐落伍。两路一港几乎把铁路沿线和广大内地的商货资源占夺一空，使烟台由北方一大货物集散港降为专司沿海地区贸易的二流口岸。1903年，经由烟台的贸易值占山东进出口贸易值的72%，青岛占28%；1913年，烟台贸易值的比重跌到35%，青岛则占到60%，烟台作为山东省贸易中心的地位完全被青岛取代。

青岛原系胶州湾东岸的一个小渔村。1897年德国人占领青岛以后，为了打造一个“模范殖民地”和“德国的香港”，全力经营青岛港口和城市建设。1904年胶济铁路的建成，为青岛打开了通往内地市场的通道，内地的土特产品和手工业产品通过铁路运至青岛出口，外国的工业品也通过铁路输入内地。同时，现代化港口的开放，将青岛与国内外市场紧密联系起来，极大推动了青岛对外贸易的发展。1902—1912年，出入青岛港的轮船从251艘、26万吨位增长到785艘、121万吨位，贸易总量从1 034万两海关银增至5 471万两海关银。起初在青岛活动的西方人几乎只有德国人，后来越来越多其他国家的人到青岛做生意，到1911年，德、英、法等国的大多数在华大洋行都在青岛设立了分支机构或代理商。1906年底美国在青岛派驻了第一个外国领事，接着其他大国也派驻了领事。1910年青岛在贸易总额上超过烟台，成为山东第一贸易口岸，在全国各通商口岸中居第六位，仅次于上海、天津、汉口、广州和汕头。

青岛在胶济铁路通车后十年间，铁路的运量在货物运输总量中的比重一直在55%～60%之间。可见，铁路运输对于青岛的影响是比较大的。正是由于铁路的开通，为青岛提供了广阔的腹地，才使青岛有了持久发展的动力。当然青岛的发展还有其他一些积极因素的促进，比如现代化港口的建设、德国政府的巨额财政补贴等。正如民国时期学者所言："德人经营青岛有一个最大的特点，便是在财政上，德国以国库的财力来培植青岛，而并非以青岛租借地的利益来反哺德国。一般的国家对于殖民地或租借地的态度，都是想从该地剥取一点利益，补助本国的财政。而德人之于青岛却是'反是'，而施行一种'倒贴'的政策……因此工商业发展得格外快，所以青岛以最近开辟的商埠，在短短的十五年间，便驾烟台各埠而上之。"

在青岛迅速发展成为山东最大对外贸易口岸的同时，济南则成为全省最大的集散市场，济南与青岛两城市间的经济联系空前加强，并形成了某种程度上的分工合作。济南和青岛构成了"济南－青岛双核结构"（海港城市与腹地中心共生），并且由于地理位置和交通条件上的优势逐渐取代了"济南－烟台双核结构"。

自19世纪50年代起，伴随大运河漕运终止和运河淤塞，以及沿海贸易往来的增加，山东经济重心开始由西部运河区逐渐转向鲁东，但直至胶济铁路建成后，鲁东才真正成为全省经济的核心。至此，山东的经济重心由沿运河纵向分布变为沿港口和铁路的横向布局，逐渐形成了以胶济铁路为主干的地区经济发展轴。

尾　声

一战爆发后，日本对德宣战，德国人用光所有弹药后投降，日军随后占领了青岛和胶济铁路。1915年，日本强迫袁世凯接受《二十一条》，其中第一条就是要求获得德国在山东的一切特权。中国本来是对德宣战的战胜国，理应收回被德国侵占的权利，然而在1919年的“巴黎和会”上，英、法两国支持日本继承德国在山东的权利，会议议定的《凡尔赛条约》第156～158款将这些特权让与日本。消息传到中国以后，引发了“五四”爱国运动，中国代表拒绝在巴黎和约上签字，山东权利问题成为“悬案”。直到1922年在“华盛顿会议”上，中、日两国签订《解决山东悬案》二十八条和《附约》五条，规定日本将胶州湾和胶济铁路归还中国，但中国要以四千万日元将铁路赎回。1923年1月1日胶济铁路由中国政府正式接收，成为国有铁路。

胶济铁路历经德占、日占、北洋政府和国民政府时期到中华人民共和国，期间经历几次改造，一直沿用至今，已百年有余。胶济铁路及其附属设施成为新中国工业基础的重要组成部分。1952年新中国第一台蒸汽机车“八一号”在四方机厂试制成功。1990年胶济铁路完成复线工程，2006年完成电气化改造，并实行客运、货运分离，最初的胶济铁路成为一条货运专线。2003年四方机厂研制成功世界首列高原高寒动车，在青藏高原行驶。2007年中国首批投入提速的52列“和谐号”动车组中，37列由四方机厂制造。经过百年发展，四方机厂成功实现了由技术引进、吸收到技术自主，再到技术创新，并随着中国高铁走向世界。

参考文献

[1] 宓汝成. 帝国主义与中国铁路：1847—1949 [M]. 北京：经济管理出版社，2007.

[2] 金士宣，徐文述. 中国铁路发展史（1876—1949）[M]. 北京：中国铁道出版社，1986.

[3] 中国史学会. 洋务运动：第 6 册 [M]. 上海：上海书店，2000.

[4] 中国德国史研究会，等. 德国史论文集 [G]. 青岛：青岛出版社，1992.

[5] 蒋恭晟. 中德外交史 [M]. 上海：中华书局，1929.

[6] 赵振玫. 中德关系史文丛 [G]. 北京：中国建设出版社，1987.

[7] 王守中. 德国侵略山东史 [M]. 北京：人民出版社，1988.

[8] 施丢克尔. 十九世纪的德国与中国 [M]. 乔松，译. 北京：三联书店，1963.

[9] 余凯思. 在“模范殖民地”胶州湾的统治与抵抗：1897—1914 年中国与德国的相互作用 [M]. 孙立新，译. 济南：山东大学出版社，2005.

[10] 肯德. 中国铁路发展史 [M]. 李抱宏，等译. 北京：三

联书店，1958.

［11］凌鸿勋. 中国铁路志［M］. 台北：世界书局，1963.

［12］山东大学历史系，等. 胶济铁路史［M］. 济南：山东人民出版社，1961.

［13］张晓言. 胶济铁路创建始末［J］. 青岛画报，2008(2)：64-67.

［14］朱建君. 殖民地经历与中国近代民族主义：德占青岛（1897—1914）［M］. 北京：人民出版社，2010.

［15］罗志田. 民族主义与近代中国思想［M］. 台北：东大图书公司，1998.

［16］王铁崖. 中外旧约章汇编：第1册［G］. 北京：三联书店，1957.

［17］北京大学法律系国际法教研室. 中外旧约章汇编：第2册［G］. 北京：三联书店，1959.

［18］洛赫. 德国史［M］. 北京大学历史系世界近代现代史教研室，译. 北京：三联书店，1976.

［19］张寄谦. 中德关系史研究论集［G］. 北京：北京大学出版社，2011.

［20］张玉法. 中国现代化的区域研究：山东省（1860—1916）［M］. 台北：中央研究院近代史研究所，1987.

［21］山东省历史学会. 山东近代史资料：第3分册［G］. 济南：山东人民出版社，1961.

［22］刘善章，周荃. 中德关系史文丛［G］. 青岛：青岛出版社，1992.

[23] 孙瑞芹. 德国外交文件有关中国交涉史料选译：第1卷[A]. 北京：商务印书馆，1960.

[24] 赵琪修，袁荣叟. 胶澳志[M]. 青岛：胶澳商埠局，1928.

[25] 青岛市博物馆，等. 德国侵占胶州湾史料选编[G]. 济南：山东人民出版社，1986.

[26] 青岛市档案馆. 青岛开埠十七年:《胶澳发展备忘录》全译[A]. 北京：中国档案出版社，2007.

[27] 陈为忠. 近代的海港城市与山东区域发展：以港口（城市）－腹地互动为视角[J]. 郑州大学学报（哲学社会科学版），2007(2)：7-9.

[28] 青岛市档案馆. 帝国主义与胶海关[A]. 北京：中国档案出版社，1986.

[29] 李障天，阎象吉. 淄博经济史料[G]. 北京：中国文史出版社，1990.

[30] 包天笑. 钏影楼回忆录[M]. 香港：大华出版社，1971.

[31] 张国刚. 新发现锡乐巴档案中的华德铁路公司合同[G]. // 南开大学历史系. 南开大学历史系建系七十五周年纪念文集. 天津：南开大学出版社，1998.

[32] 张国刚. 晚清的宝星制及锡乐巴档案中的宝星执照[G]. // 南开大学历史系. 郑天挺先生百年诞辰纪念文集. 北京：中华书局，2000.

[33] 中国社会科学院近代史研究所，等. 筹笔偶存：义和团史料[G]. 北京：中国社会科学出版社，1983.

[34] 廖一中，罗真容. 袁世凯奏议[A]. 天津：天津古籍出

版社，1987.
[35] 王彦威，王亮. 清季外交史料［G］. 北京：书目文献出版社，1987.
[36] 青岛市档案馆. 胶澳租借地经济与社会发展：1897—1914 年档案史料选编［A］. 北京：中国文史出版社，2004.
[37] 路延捷. 小清河［M］. 北京：气象出版社，1993.
[38] 庄维民. 近代山东市场经济的变迁［M］. 北京：中华书局，2000.
[39] 济南铁路局史志编纂领导小组. 济南铁路局志（1899—1985）［M］. 济南：山东友谊出版社，1993.
[40] 青岛市史志办公室. 青岛市志·海港志［M］. 北京：新华出版社，1994.
[41] 寿杨宾. 青岛海港史：近代部分［M］. 北京：人民交通出版社，1986.
[42] 王守中，郭大松. 近代山东城市变迁史［M］. 济南：山东教育出版社，2001.
[43] 李岫. 论清末济南、周村、潍县三地开埠［J］. 文史哲，1995(2)：24-29.
[44] 魏永生. 晚清山东商埠［M］. 济南：山东文艺出版社，2004.
[45] 陈为忠. 山东区域开发模式探讨［G］. // 复旦大学历史地理研究中心. 港口 – 腹地和中国现代化进程. 济南：齐鲁书社，2005.

[46] 关赓麟. 交通史路政编：第 10 册 [M]. 南京：交通铁道部交通史编纂委员会，1931.
[47] 庄维民. 近代山东农作物新品种的引进及其影响 [J]. 近代史研究，1996(2)：189-217.
[48] 实业部国际贸易局. 中国实业志：山东省 [M]. 上海：实业部国际贸易局，1934.
[49] 许道夫. 中国近代农业生产及贸易统计资料 [G]. 上海：上海人民出版社，1983.
[50] 章有义. 中国近代农业史资料：第 2 辑（1912—1927）[G]. 北京：三联书店，1957.
[51] 曲美诚. 草辫忆事 [G]. // 掖县政协文史资料委员会. 掖县文史资料：第 1 辑，1986.
[52] 山东省莱州市史志编纂委员会. 莱州市志 [M]. 济南：齐鲁书社，1996.
[53] 胶济铁路管理局车管处. 胶济铁路经济调查报告 [R]. 青岛：文华印刷社，1934.
[54] 陈为忠，吴松弟. 港口（城市）- 腹地关系与山东区域发展战略研究 [J]. 云南大学学报（社会科学版），2008(4)：70-75.
[55] 淄博市淄川区政协文史委员会. 淄川文史资料选辑：第 1 辑 [G]，1986.
[56] 安作璋. 山东通史 · 近代卷：上册 [M]. 济南：山东人民出版社，1995.
[57] 交通部烟台港务管理局. 近代山东沿海通商口岸贸易统

计资料［G］. 北京：对外贸易教育出版社，1986.
［58］倪锡英. 青岛［M］. 上海：中华书局，1936.
［59］王斌. 近代铁路技术向中国的转移：以胶济铁路为例（1898—1914）［M］. 济南：山东教育出版社，2012.
［60］VON RICHTHOFEN F. China: ergebnisse eigener reisen und darauf gegründeter studien: vol.2［M］. Berlin: D.Reimer, 1882.
［61］SCHMIDT V. Die deutsche eisenbahnpolitik in Shantung, 1898-1914: ein beitrag zur geschichte des deutschen imperialismus in China［M］. Wiesbaden: O. Harrassowitz, 1976.
［62］DOST P, HARTWIG W. Deutsch-China und die schantungbahn［M］. Krefeld: Röhr-Verlag für Spezielle Verkehrsliteratur, 1981.
［63］BUCK D. Urban change in China: politics and development in Tsinan, Shantung, 1890-1949［M］. Madison: Univ. of Wisconsin Press, 1978.
［64］WARNER T. Die planung und entwicklung der deutschen stadtgründung Qingdao (Tsingtau) in China: der umgang mit dem fremden［D］. Hamburg: Technischen Universität Hamburg, 1996.
［65］SCHRECKER J E. Imperialism and Chinese nationalism: Germany in Shantung［M］. Cambridge, Mass.: Harvard Univ. Press, 1971.

[66] FALKENBERG R. Luis Weilers briefe aus China (Dez. 1897–Aug. 1901): materialen zur entwicklung in Qingdao und zum bau der Shandong-Bahn [G]. //VON KUO HENG–YU H, LEUTNER M. Beiträge zu den deutsch-chinesischen beziehungen. München: Mineva Publikation, 1986.

[67] NEU P. Bitburger persönlichkeiten: frauen und männer aus 2000 jahren bitburger geschichte [M]. Bitburg: Kulturgemeinschaft Bitburg e.V., 2006.

[68] BIENER A S. Das deutsche pachtgebiet Tsingtau in Schantung, 1897–1914 [M]. Bonn: [s.n.] , 2001.

[69] WARNER T. Deutsche architektur in China [M]. Berlin: Ernst&Sohn, 1994.